監修者――五味文彦／佐藤信／高埜利彦／宮地正人／吉田伸之

［カバー表写真］
山王宮曼荼羅

［カバー裏写真］
『麗気記』神体図

［扉写真］
伊勢神宮社参曼荼羅

日本史リブレット 32

中世の神と仏

Sueki Fumihiko
末木文美士

目次

日本宗教の解明へ向けて

長いあいだ、中世は仏教の時代と考えられてきた。仏教の仏たちが大活躍し、土着の神たちはそのもとでひっそりと息を潜めて、せいぜい神仏習合《しんぶつしゅうごう》という不純で不本意な形態をとらされていたというのである。神仏習合を不純とみるのは仏教側も同じで、それは土着宗教との妥協であり、神祇不拝《じんぎふはい》▲を貫くのが本来の仏教のあり方だと考えられた。それゆえ、仏教側からも神道《しんとう》側からも、中世の神仏習合は不純で、非本来的で、否定されるべき形態とみられていたことになる。

だが、はたして神仏習合はそれほど価値のないものであろうか。近年この分野は急速に研究が進められてその実態が明らかになりつつある。他方、従来純

▼**神祇不拝**　仏を信じるだけで十分であり、日本の神を礼拝する必要はないとする立場。法然《ほうねん》門下や親鸞《しんらん》門下にみられる急進的な主張であり、既成の宗教秩序を壊すものとして糾弾されたが、近代の研究でその非妥協性が高く評価されるようになった。

▼**神仏分離**　明治政府は平田派《ひらたは》神道を中心とした復古《ふっこ》主義の立場から、神社からの仏教色の一掃を狙い、一八六八(明治元)年に神仏分離令を発した。そこから廃仏毀釈《はいぶつきしゃく》の運動も起こり、混乱が惹き起こされた。その後、神道主義の色彩は弱められたが、神仏分離の原則はそのまま維持された。

粋と考えられてきた神道や仏教の形態が、実は明治以後の神仏分離▲のなかで形成された特殊な価値観に基づくもので、日本の宗教の歴史的展開をみるために必ずしももっとも適切な範型を提供するものではないこともわかってきた。

こうして今日、中世の神仏習合が改めてきわめて大きな、そして魅力的な課題として提示されている。そこには、従来常識とされてきた日本宗教のあり方とはまったく異なる雄大で自由な想像力が羽ばたき、合理主義に束縛された近代人の思いもおよばない世界が展開している。そこにこそ、忘れられていた日本の宗教の原像を解明する鍵が潜んでいるといっても過言でない。

本書は、主として中世神道理論の形成・展開という観点から、この問題に概括的な見通しをあたえることをめざしている。この方面における最近の研究の進展はきわめて著しく、これまでその価値を認められずに眠っていた数多くの貴重な文献が紹介され、その分析が進められつつある。しかし、それだけにいまだ十分に全体像を見渡すことが困難で、学界の共通認識も確立していないのが実情である。今後まだまだ大きな変化が予想される。本書では、山王《さんのう》神道・両部《りょうぶ》神道・伊勢《いせ》神道などといういささか使い古された範疇《はんちゅう》を活用しながらも、できるかぎり最新の成果をいかして、さまざまな流れが交錯しながら大きな動きとなっていく中世神仏論の動向を描きだそうとつとめた。しかし、まだまだ不明のところが多く、本書は進展中の研究の中間段階の一報告にすぎない。

なお本書では、いささか抽象的な理論の問題に焦点をあてるため、人びとの信仰の実態にまで十分に説きおよばないところがある。しかし、こうした理論的な問題こそ従来無視されてきたもので、そこを抑えることによって、神仏関係のダイナミズムに迫ることができるのではないかと考えている。理論は単なる机上の空論ではなく、現実の信仰と密接にかかわっていることは、最近の仏教研究などにおいても明らかにされてきているが、そのことは神仏習合の問題にもまったく同様にあてはまるのである。

①——神道の形成と神仏習合

日本的な宗教形態としての神仏習合

日本の宗教の一つの特徴は、神仏習合《しんぶつしゅうごう》にあるといわれる。笑い話としてしばしばいわれるように、文化庁の統計▲によると、今日の日本の宗教人口は二億一四〇〇万人以上あり、日本の総人口の二倍近くになる。これはきわめて奇妙なことであるが、かなりの人数が仏教信者と神道信者の両方に数えられていることを考えると納得できる。仏教の寺院と神道の神社の両方に参詣することは矛盾した行為とは考えられない。

このように、世界宗教である仏教が定着しながらも、土着の宗教の発展形態である神道を亡ぼさず、両者が並存しつつ、しかも一人の人が両方を信仰しうるのは非常に特異なことである。インドでは仏教はヒンドゥー教▲に吸収されて独自性を失い、滅びてしまった。スリランカや東南アジアでは、仏教は土着の宗教を圧倒し、後者は前者のなかに吸収された。朝鮮では、仏教は土着のシャーマニズム▲と習合したが、シャーマニズム自体は日本の神道のように体系化

▼**文化庁の統計**　『宗教年鑑』平成十四年度版による。

▼**ヒンドゥー教**　ヴェーダなどインド古代の宗教をバラモン教と呼ぶのに対し、それに基づきながらも、さまざまな民衆宗教の要素を取り入れ、紀元後になって発展したインドの民族宗教。ヴィシュヌ派とシヴァ派を大きな流れとする。後述のように、日本の中世神話にも大きな影響をおよぼしている。

▼**シャーマニズム**　忘我状態で神仏や精霊と交流したり一体化する宗教者をシャーマンと呼び、シャーマンによる儀礼や呪術《じゅじゅつ》行為を中心とした宗教形態をシャーマニズムと呼ぶ。アジア各地に広範にみられるが、朝鮮には北方系のシャーマニズムの影響が著しい。日本の神道にもシャーマニズム的要素は大きい。

されることはなかった。また、朝鮮王朝時代（一三九二〜一八九七年）の儒教《じゅきょう》体制のもとで仏教が弾圧され、仏教自体が主流的宗教の座を失った。中国では土着の宗教が仏教の影響をも受けながら、道教《どうきょう》▲として体系化され、仏教と並存するようになった。また、仏教寺院と道教の観《かん》の両方に参詣することがある。しかし、日本の場合のように、両宗教が有機的に結合することはない。

日本では、今日、単に両宗教は並存しているだけでなく、ある程度の分業体制をとっている。たとえば、結婚式は今日キリスト教の教会が急速にふえており、新しい形態を示しているが、明治末以来長く神道式が主流を占め、仏教式はごくわずかにとどまっている。それに対して、葬式やその後の年忌法要は仏教が主として担い、神道式はごく一部にとどまっている。大まかにいえば、神道は生に関する儀礼を担い、仏教は死に関する儀礼をつかさどっている。このように、二つの宗教がたくみに組み合わされて活動しているのは、日本の神道と仏教の特徴である。

もっとも、このような形態が古くからあったわけではない。今日多くみられる神前結婚▲の形式は明治時代に確立されたものであり、それ以前にはなかった。

▼**道教**　儒教・仏教とならぶ中国の三教の一つ。老荘《ろうそう》の哲学を基盤にして、不老長寿の神仙《しんせん》となることを理想とするが、さまざまな民衆宗教の要素を取り入れ、また儒教や仏教の影響を受けながら、複雑な体系へと発展した。仏教で寺院にあたるものが道教では観と呼ばれ、僧にあたるものが道士《どうし》と呼ばれる。

▼**神前結婚**　現在のような形式が一般に普及したのは、一九〇〇（明治三十三）年、皇太子（のちの大正天皇）の御成婚の儀以来のことである。

そもそも神道と仏教が完全に二つの宗教に分離したのは明治維新期の神仏分離によってであり、それ以前には両者はより密接に関連していた。神仏習合という用語は通常、神仏分離以前の江戸時代までの形態をさす。

通常、明治以後は神道と仏教は分離したものと考えられているが、前述のように、両者は密接にかかわり、相互の分業をなしている。これを私は神道と仏教の相互補完関係（神仏補完）と呼ぶ。神仏分離は、神道と仏教を相互に無関係な二つの宗教として分離させたものではなく、むしろ分離しつつも相互に他を必要とするようなあらたな神仏補完という関係を生むことになった。

このように、神仏関係はきわめて複雑な相互関係をもっている。本書で考察するのは、主として中世の神仏習合であるが、神仏習合という言葉自体、定義がむずかしい。もっとも単純には、神道と仏教の混淆《こんこう》と解されるが、その意味するところは曖昧《あいまい》で、必ずしも一義的ではない。つぎに検討するように、そもそも神道という言葉自体が曖昧で、その定義の仕方によって意味するところが違ってくる。それゆえ、神仏習合は体系化された神道と仏教の混淆というよりは、土着の神祇《じんぎ》▲信仰（神道を含む）と仏教の関係というほうが適当であろう。し

▼**神祇**　「神」は天の神、「祇」は地の神。「神祇」で天地の神を総称する。

▼神仏隔離　一四ページ参照。

かもその場合、必ずしも宗教的なシステム全体の関係というわけではなく、個別的なカミとホトケの相互関係の場合もある。また、すっかりまざりあって一つの新しい宗教となるわけではなく、部分的に合一しながら、なお、それぞれで独立性を保とうとして、緊張関係が維持される。すなわち、神仏習合は神仏隔離▲と表裏一体である。このように、神仏習合といってもかなり曖昧なところが多く、その内容に幅があることを自覚しておく必要がある。

神道とはなにか

神仏習合を考えていくに先立って、まずそもそも神道とはなにかを考えておく必要がある。もちろん仏教にしても、いざ定義しようとするとむずかしいが、それでもその範囲をどう限るかはある程度はっきりしている。しかし、神道の場合、もう少し面倒な問題がある。

神道はしばしば素朴に日本古来の民族宗教と考えられているが、それほど単純ではない。このような発言は、神道に「日本民族」の一体性と優秀性をみようとする、いわば神道ナショナリズムともいうべき主張と密接にかかわっており、一見学術性を装いながら、強いイデオロギー性をもっている。そのような動向を批判して黒田俊雄▲は「多くの人は民族宗教という規定から、日本人にとって不可避的な、選択の余地のない、深層に潜む規制力ないし価値という意味合いを受け取って」(『日本中世の社会と宗教』三五・三六ページ)いると、的確に述べている。また、しばしば神道は特定の宗教ではなく、日本人としての伝統的な習俗である、という解釈もなされるが、これもまた、神道を日本人すべてにあてはまる不可避的なものとみる見方に通ずる。実際、戦前の国家神道▲は、神道を非宗教と規定することによって、すべての国民に強制したのである。

それでは、実際に古文献において、「神道」という語はどのように用いられているのであろうか。もっとも古く「神道」という言葉がみえるのは『日本書紀《にほんしょき》』で、三カ所にみえる。

A　用明《ようめい》天皇即位前紀「天皇、仏法《ほとけのみのり》を信《う》けたまい、神道《かみのみち》を尊《とうと》びたまう」

B　孝徳《こうとく》天皇即位前紀「仏法《ほとけのみのり》を尊び、神道《かみのみち》を軽《あなず》りたまう」

C　孝徳天皇大化《たいか》三(六四七)年四月二十一日「惟神《かむながら》」注「惟神は、神道に随うを謂《い》う。亦自《またおの》ずから神道有るを謂うなり」

▼**黒田俊雄**　一九二六〜九三年。大阪大学教授・大谷大学教授など歴任。日本中世史専攻。顕密《けんみつ》体制論を主張し、中世宗教史の分野に画期的な転換を惹き起こした。

▼**国家神道**　厳密な定義には諸説あるが、大まかには明治中期以後、敗戦にいたるまでの間、国家体制と緊密に結びついた神道のあり方をいう。神道は宗教ではなく、国家の祭祀をつかさどるものとされ、神社はそのための施設と位置づけられた。同時に古代神話が再編され、天皇を頂点とする国家体制のイデオロギーの役割を果たした。

このうち、Cの「惟神▲」はのちに神道の根本精神をあらわすものとして重視されるようになる。そこで、この三カ所でいわれている「神道」がなにを意味しているかが問題になる。

津田左右吉《つだそうきち》▲以来、「神道」という言葉が中国の古典に由来すること、また、日本においてもきわめて多義的に用いられていることは定説となっている。黒田俊雄は、これらの用例を検討して、「書紀の『神道』の語義は、土俗的祭祀・信仰における〝神的なるもの・聖なる状態〟と解するのが、さしずめ妥当であろう」(『日本中世の社会と宗教』三九ページ)としている。すなわち、『書紀』の「神道」は特別に「日本固有のもの」をさすわけではなく、「日本・朝鮮・中国を問わず土着の習俗的信仰一般を指す」(同、三八ページ)ものと解されるというのである。黒田は、中世においてもなお、「神道」は「神の権威・しわざ・ありよう」の意味で、それは「独自の宗教体系」ではなく、「仏教の一側面」にすぎなかった、という。「神道」が「教義・学派」などを意味するようになったのは江戸時代で、「日本の民族宗教」という意味をあたえられたのは近代になってからだとする。

黒田の説は、「神道」がけっしてもともとから日本固有の民族的性格をもった

▼惟神　「かんながら」とも読む。人為を加えず、神の意のままに従うことと解され、江戸時代の本居《もとおり》宣長《のりなが》や平田《ひらた》篤胤《あつたね》により重視された。

▼津田左右吉　一八七三〜一九六一年。早稲田大学教授。中国思想史・日本思想史の分野に文献批判の立場から、鋭い分析を行った。神道に関しては、『日本の神道』(一九四九年)がある

宗教としてあったわけではないことを正面から主張するもので、「神道」の成立を江戸、あるいは明治までくだらせ、日本宗教の研究者に大きな衝撃をあたえた。しかし、あまりに時代をくだらせすぎるのではないか、という疑問はやはり残されている。

『書紀』の「神道」について、ドイツの研究者ネリー＝ナウマン▲は、興味深い解釈を示している。彼女によれば、それは、古来からの民族宗教という意味でもない一方、「神の権威・ありよう」というような漠然とした意味でもない。それは、中国的な帝政の観念を克服したうえで、きわめて政治的に形成された神帝政を意味する。これは、七世紀末に成熟したもので、日神の後継という形で正統化された天皇支配のもとに、神々や儀礼などが体系づけられたものである。

はたして『書紀』の「神道」をナウマンのいう意味で解釈できるかというと、やはりなお無理があるように思われるが、七世紀末の政治・宗教情勢を神道の形成上決定的とみている点はきわめて注目される。七世紀末には記紀《きき》が書かれて、天皇支配が神話的に正統化されるとともに、律令《りつりょう》が定められ、『神祇令《じんぎりょう》』▲により、神祇祭祀の儀礼が定められるようになった。『書紀』の「神道」の意味はともかく、

▼**ネリー＝ナウマン**　一九二二～二〇〇〇年。ドイツの日本学者。フライブルク大学教授。宗教史の分野で画期的な成果をあげたが、おもにドイツ語で発表しているため、巨大な成果に比して、十分な評価をえていない。邦訳書『哭きいさちる神　スサノオ』(一九八九年)は、神道論も含む論文集。

▼**『神祇令』**　大宝令《たいほうりょう》・養老令《ようろうりょう》の編目。唐《とう》の祠令《しりょう》を参考に、日本の国家的な祭祀を整理したもの。『日本思想大系』「律令」に訳注がある。

この時代の神々の崇拝は、もはや単純な土俗的信仰の段階にとどまるものではなかった。

この時代は、日本の土着宗教が体系化された宗教に展開する第一段階ということができる。ただ、それをのちの意味での「神道」と呼ぶことができるかどうかは、解釈次第である。この段階では、宗教としての教義はいまだ確立していない。イデオロギー的側面は神話という形で語られるのみであり、それが祭祀儀礼とセットになっているのである。ただ、それは明らかに仏教とセットにされており、仏教に対するものとして、それに対抗する体制をもってきていることは明らかである。

この儀礼システムは、平安時代を通じていっそう発展した。『延喜式《えんぎしき》』▲や、さらにはのちの二十二社▲の祭祀において、神祇信仰の形態はさらに発展する。そのうえ、陰陽道《おんみょうどう》▲の影響でケガレの観念が発展し、物忌みが厳格になされるようになった。この時代に神道が独立した宗教として自覚されるようになったという説もある。ただし、この時代には、天皇支配の正統化とセットになった形での神話・祭祀システムという政治的側面は弱まる。

▼**『延喜式』**　律《りつ》・令《りょう》・格《きゃく》の施行細目を定めたものを式と呼ぶが、その最後のもので、唯一完全に現存する。九〇五(延喜五)年に編纂を開始したが、施行は九六七(康《こう》保《ほう》四)年であった。五〇巻。神祇式は宮中や伊勢などの祭祀を詳細に記す。その神名帳《しんめいちょう》に記された神社は式内社《しきないしゃ》として重んぜられた。

▼**二十二社**　平安中期ごろから中世にかけて、朝廷に尊崇され、奉幣《ほうへい》を受けた神社。九世紀末にみえる一六社がもとになり、十一世紀には二十二社の体制が確立した。

▼**陰陽道**　「おんようどう」とも。もともと令に定められた陰陽寮の学科であったが、平安期に貴族の要請で陰陽師《おんみょうじ》がさまざまな祭祀に従事するようになり、仏教・神祇信仰とならんで独自の領域を確立した。陰陽五行思想をもとに、道教・密教などの影響を受けている。その実態の解明は遅れている。

▼**吉田兼倶**　九一ページ以下参照。

▼**度会家行**　七六ページ以下参照。

▼**慈遍**　八七ページ以下参照。

いずれにしても、神道が教理的な体系をもつようになったのは、中世になってからである。吉田兼倶《よしだかねとも》▲の『唯一神道名法要集《ゆいいつしんとうみょうほうようしゅう》』は、その書名自体に「神道」の語を含み、神道の分類を行っている。それ以前にも、度会家行《わたらいいえゆき》▲の『類聚神祇本源《るいじゅうじんぎほんげん》』の最後は、「神道玄義篇《しんとうげんぎへん》」であり、また、慈遍《じへん》▲の『豊葦原神風和記《とよあしはらじんぷうわき》』にも、「神道大意」という章がある。このころ、「神道」という言葉がかなり自覚的に、神祇信仰を核とする宗教体系を意味して用いられるようになったと考えられる。

このように、「神道」の成立には二つの段階を考えることができる。第一段階は七世紀後半から平安時代までの期間で、この間に独自の神話と祭祀体系が形成された。その間、たしかに『日本書紀』に「神道」の語がみえ、それがなにを意味するかは諸説があるが、少なくとも体系化された教義はまだ形成されていない。第二段階は鎌倉・室町期で、この時代にはじめて教義的な体系が形成され、教義をも含む宗教体系をみずから「神道」と呼ぶことが行われるようになる。それゆえ、第二段階では明らかに「神道」という宗教体系ができあがっており、たとえそれが多くの場合、神仏習合という形態をとり、仏教の圧倒的な影響のもとにあるとしても、「神道」という呼称を用いることは問題ないと考えられる。

しかし、第一段階を「神道」と呼ぶことができるかどうかは、用語の定義次第で、微妙である。最近の研究者は、この時代に関しては、誤解を招きやすい「神道」という呼称を避け、「神祇信仰」のような一般的な呼称を用いる傾向が強い。また、もし「神道」という語を用いるとしても、戦前の国家神道のもとで、記紀神話が「神道」の理想的な聖典とみなされたのは新しいことであり、歴史的にみてまったく根拠のないことである。

ところで、神道というと、日本のナショナリズム、日本中心主義が結びついているように考えられるが、はたしてどうであろうか。たしかに、早い時期から外来の仏教に対して日本独自の祭祀体系という発想はあったと思われる。しかし、それは必ずしも強い日本中心主義と結びついたものではなく、民族的なものの優位を主張するものでもなかった。中世においては、「神国」の意識が大きくなるが、それは「辺土《へんど》」「粟散国《ぞくさんこく》▲」など、世界のなかで日本を小さくみる発想と裏腹であった。ただ、北畠親房《きたばたけちかふさ》▲や慈遍になると、日本中心論がみられるようになる。慈遍に始まり、吉田兼倶に受け継がれる「根葉《こんよう》花《か》実《じつ》説」は、日本の神道こそ根であり、そこから葉や花・果実にあたる儒教や仏教がでてくるという

▼**粟散国**　須弥山《しゅみせん》を取りまく大海上に、粟粒《あわつぶ》のように散らばる小国土。わが国も、南閻浮提《なんえんぶだい》周辺の粟散国の一つとされる。

▼**北畠親房**　八三ページ以下参照。

もので、日本中心主義的な面が強くでている。このような日本中心主義は、江戸時代の復古《ふっこ》神道▲に顕著になり、明治以後の国家神道において近代的ナショナリズムと結びつくことになるのである。

神仏習合の展開

前述のように、神仏習合はさまざまな意味を含み、必ずしも厳密に定義できない。広くいえば、神祇信仰と仏教の儀礼・神話・意味付けなどに関する関係を一般的にいうものである。復古神道から国家神道の流れにみられるような純粋神道はもともとありえないものである。

ただ、神仏習合に対して、近年「神仏隔離」の現象が注目されている。これは、主として宮中の祭祀や伊勢《いせ》神宮で、仏教の関与を除去していたことをさす。このことは、神祇信仰が仏教と異なる宗教システムとして自覚されていたことを示し、神仏関係がけっしてすべて習合の観念でとらえられないことを示している。伊勢神宮は皇室の祖先神をまつるという特殊性から、皇室を中心とする祭祀体系で特別な位置付けをもち、神祇信仰の原則を維持しようという意識が強

▼**復古神道**　江戸時代の国学《こくがく》の系統から起こった神道で、とくに本居宣長をうけた平田篤胤によって大成された。従来の仏教や儒教の影響を排して、純粋な日本の古道を明らかにすると主張し、尊《そん》王《のう》攘《じょう》夷《い》運動と結びついて、明治維新の一つの原動力となった。

かった。それゆえ、中世にはなぜ伊勢では仏教を忌《い》むかということが問題とされ、第六天《だいろくてん》の魔王《まおう》▲によって日本が支配されることを防ぐために、魔王との取引であえて仏教を忌むのだという説明もなされるようになった。

早い時期に神仏が争った例としては、仏教伝来▲時の蘇我《そが》と物部《もののべ》の争いがほとんど唯一の例である。すなわち、百済《くだら》から仏教が伝えられたとき、欽明《きんめい》天皇はその採否を臣下《しんか》に議論させた。蘇我稲目《いなめ》は採用すべきことを説き、物部尾輿《おこし》らはそれに反対した。そこで、天皇は仏像を稲目に授けて礼拝させた。ところが、国中に疫病《えきびょう》が流行《はや》ったので、尾輿らは寺を破壊し、仏像を難波《なにわ》の堀江《ほりえ》にすてた。すると、宮殿に火災が起こった、という話が伝えられている。

『日本書紀』に伝えられるこの記事は、かなり多くのフィクションを含むことが知られている。たとえば、百済の聖明王《せいめいおう》（聖王）の手紙には、八世紀初めにはじめて漢訳された『金光明最勝王経《こんこうみょうさいしょうおうきょう》』▲に基づく文があり、明らかに『書紀』編纂時に作成されたものである。したがって、ただちに六世紀の仏教伝来時の状況を正しく伝えるものとはいえないが、それでも、古代における神仏関係を考えるうえで貴重な史料である。

▼**第六天の魔王**　欲界の第六天の魔王。六八ページ以下参照。

▼**仏教伝来**　『日本書紀』では、五五二（欽明《きんめい》天皇十三）年とするが、今日では、『元興寺伽藍縁起《がんごうじがらんえんぎ》幷《ならびに》流記資材帳《るきしざいちょう》』などにより、五三八年説が強い。

▼**『金光明最勝王経』**　一〇巻。七〇三年に義浄《ぎじょう》が漢訳した。護国思想を説くため、国家仏教において重視された。

そこで、尾輿らの言葉のなかに、仏のことを「他国神《あだしくにのかみ》」という表現がみえ、仏が神の一種として理解されていたことが知られる。他国の宗教に対して理解のない時代にあって、外から来た宗教を自国の宗教によって理解しようとするのは当然であるが、それにしても、外来の宗教を受け入れることのできる発想がなければ、そもそも議論が成り立たなかったであろう。最近、「神仏習合」の前に「神神習合」の観念があり、外来の神を受け入れられる発想の基盤があって、はじめて仏教の受容も可能になった、という説が提示されているが、その点では正しいといえる。日本の神の考え方に神をマレビトとしてとらえることがある。マレビトというのは、共同体の外部から客としてやってくるというものである。ホトケも、いわばマレビトとしてやってきたものと考えられる。

このように、当初は仏教が古くからの神の観念で理解されたと考えられるが、やがて仏教の理解がしだいに深められるとともに、むしろ仏教の枠組みのなかに土着の神信仰を取り入れるようになってくる。これが神仏習合であるが、しかし、神祇信仰はそのなかに完全に吸収されつくさずに、神仏隔離の面を維持する。両者は部分的には一致しつつも、たがいに独立性を保ち、しかしながら、

▼**神神習合**　鎌田東二『神と仏の精神史』(二〇〇〇年)によって提起された説。「本来、起源も成り立ちも名前もそのはたらきも違う神と神とが、ひとつの神に統合されてゆく事態」(同書、四ページ)。

▼**マレビト**　もともと客人の意であるが、民俗学者折口信夫《しのぶ》によって、日本の神の特性をあらわす語として採用された。

概して仏教が上位に立つという重層構造をもつ。今日みられる形態とは相違するが、平安時代の貴族社会にあっても、仏教と神祇信仰は相互に分業的に使い分けられていたことが、最近の研究によって明らかにされている。すなわち、来世にかかわることは仏教が担当し、神祇信仰は現世利益《げんせりやく》を中心とするというのである。

ところで、具体的に仏教と神祇信仰が密接に関係する形態にはどのようなものがあるのであろうか。

(1)神は迷える存在であり、仏の救済を必要とするという考え方。
(2)神が仏教を守護するという考え方。
(3)仏教の影響下に新しい神が考えられるようになる場合。
(4)神は実は仏が衆生救済のために姿を変えてあらわれたものだという考え方。

このうち、(1)と(2)は奈良時代からあり、(3)と(4)は平安時代になってから発展した。これらの神仏関係の発想のもととなる▲ものは中国にあることが最近明らかにされており、必ずしも日本独自の発想とはいえない。中国の観念を用いな

▼**神仏関係の発想のもと**　吉田一彦「多度神宮寺と神仏習合」(『古代王権と交流』四、名著出版、一九九六年)。

がら、それを応用するところに日本の神仏関係は展開しているのである。

第一の形態は、もともとは日本の神を仏教の天▲の範疇《はんちゅう》に位置づけたところから発する。天は人間界よりは上位であるが、まだ六道《ろくどう》▲に輪廻《りんね》する存在であり、解脱《げだつ》に達していない。日本の神も同様に、六道のなかを輪廻する苦しみから脱していないと考えられ、仏教による供養《くよう》によってはじめてその苦しみから脱することができると考えられるのである。そこで、神社のかたわらに神宮寺《じんぐうじ》を建造し、そこで読経《どきょう》などの供養を行うのである。これは、仏教側からいえば、在来の神を支配下におくことによって、その勢力を伸ばすことになり、神信仰の側からいえば、仏教の保護を受けることで、みずからの地位の安全をはかろうとしたものと考えることができる。両者の利害が一致することで、たがいにその存立が認められるのであり、けっして神信仰が仏教に吸収されてなくなってしまうわけではない。すなわち、神が解脱して仏になってしまうわけではないのである。

第二の形態は護法神《ごほうじん》と呼ばれるものであり、これも仏教でインドの神を位置づける際に用いた論法である。帝釈天《たいしゃくてん》▲や梵天《ぼんてん》▲など、ヴェーダ▲以来のインドの

▼仏教の天　仏教の天はインドの神々の世界を取り入れ、快楽に満ちているとされるが、やはりまだ六道のなかの存在で、寿命がつきると五つの衰えた姿(天人五衰《てんにんごすい》)を示して死に、輪廻する。三界にわたり諸天がある。

▼六道　衆生(命あるもの)が輪廻する六つの領域。地獄・餓鬼・畜生・修羅・人・天。仏の悟りは六道を越え、輪廻することがない。

▼帝釈天　インドのヴェーダ以来の雷神であるインドラを仏教のなかに取り込んだもの。欲界の第二天。須弥山頂上の忉利天に住む。

▼梵天　もともと宇宙の最高原理であったブラフマンが人格化されたブラフマー神を仏教のなかに取り入れたもので、色界初禅天《しきかいしょぜんてん》に位置づけられる。

▼ヴェーダ　インド最古の聖典の集成。リグ・サーマ・ヤジュル・アタルヴァの四種あるが、もっと

神々は、仏教の世界観のなかに位置づけられ、仏教を護るものとされた。その観念が日本の神にも適用されたもので、東大寺《とうだいじ》の大仏建立の際に、九州の宇佐《うさ》八幡《はちまん》▲がその大事業を援助するために上京したといわれるのが、このタイプの最初の大がかりな例である。八幡はアマテラスと対照的に仏教との関係がもっとも顕著な神であり、僧形《そうぎょう》八幡のように、仏教式の姿をしている図像が描かれたり、彫刻として残され、また、大菩薩《だいぼさつ》の尊号《そんごう》を朝廷から受けている。護法神という形をとることにより、仏教の力を借りて勢力を伸ばすことに成功した例である。その他、稲荷《いなり》▲なども仏教と関係深い神である。

第三の形態は、平安初期の御霊《ごりょう》信仰に典型的にみられる。政治的陰謀によって不慮の死をとげた人の霊がさまざまな災害をもたらし、それをしずめるために神にまつったものである。八六三(貞観《じょうがん》五)年に神泉苑《しんせんえん》で早良親王《さわらしんのう》らをまつったのが最初といわれる。御霊には密教《みっきょう》の明王《みょうおう》にみられる怒れる神の性格があたえられ、それをしずめるのに密教儀礼が用いられた。この系統の典型は菅原道真《すがわらのみちざね》(八四五〜九〇三年)の霊をまつった天神《てんじん》信仰▲である。祇園祭《ぎおんまつり》で有名な祇園社《ぎおんしゃ》▲も、神道、仏教、陰陽道のまじった信仰で、厄災《やくさい》をもたらす陰陽道系の

も古い『リグ・ヴェーダ』は原型が紀元前十二世紀にさかのぼる。

▼**宇佐八幡**　宇佐神宮。大分県宇佐市。祭神は応神《おうじん》天皇・比売大神《ひめのおおかみ》・神功皇后。八幡神はもともと九州の地方神であったが、応神天皇と結びつけられて発展した。

▼**稲荷**　もともと稲作と関係する神であったが、伏見《ふしみ》稲荷大社(京都市伏見区)が東寺《とうじ》の守護神とされて発展した。他方で仏教のダキニ天とも習合して広まった。

▼**天神信仰**　藤原時平《ふじわらのときひら》らの陰謀で左遷され、大宰府《だざいふ》で不遇に没した菅原道真の霊が、死後猛威をふるったところから、神としてまつったとされる。北野天満宮《きたのてんまんぐう》(京都市上京《かみぎょう》区)が中心。

▼**祇園社**　八坂《やさか》神社(京都市東山《ひがしやま》区)。牛頭天王は朝鮮からの渡来系の神ともいわれるが、早くから素戔嗚尊《すさのおのみこと》と習合し、現在も祭神の中心は素戔嗚尊。

●仏教の世界観（『岩波仏教辞典』第二版による）

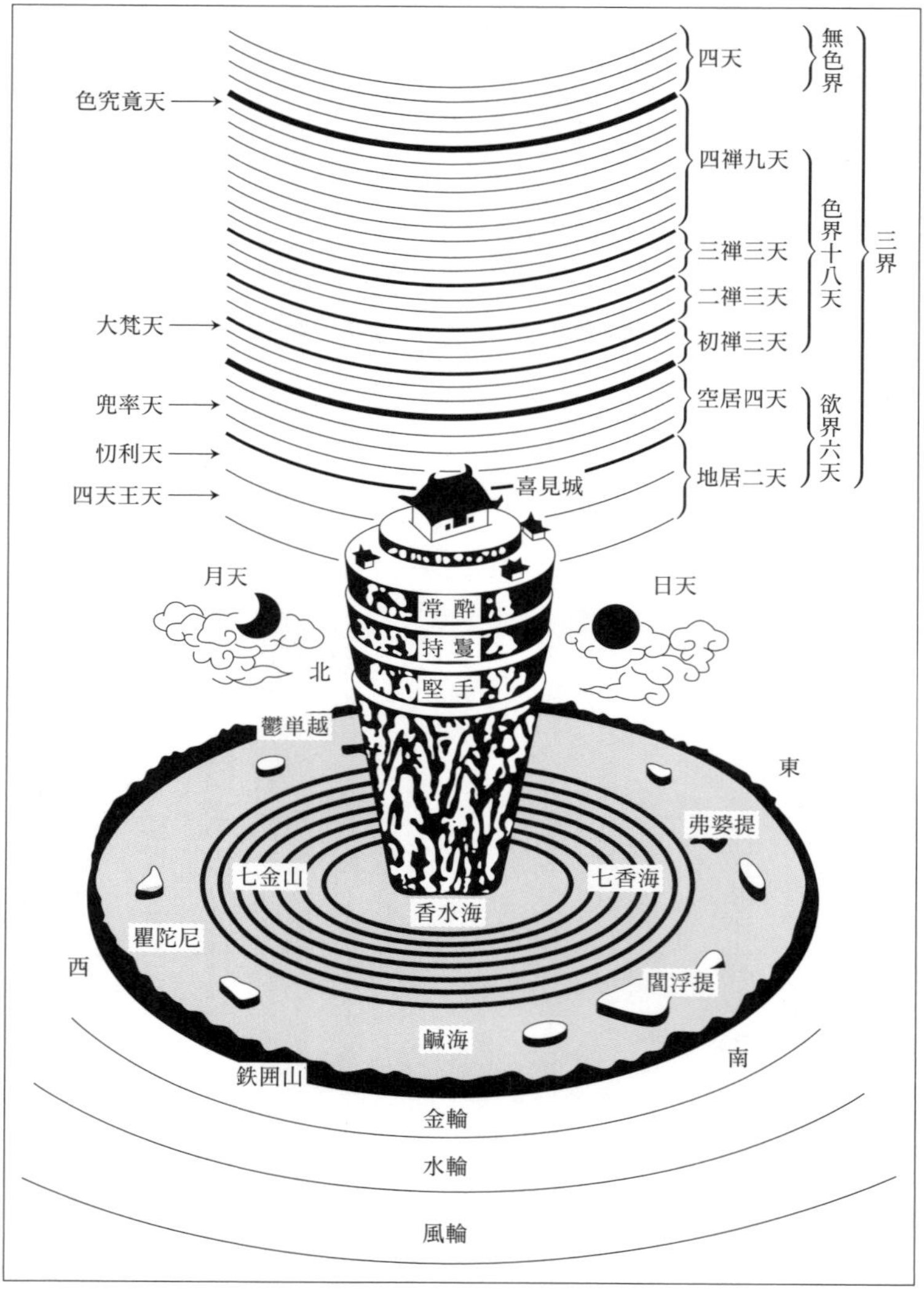

●仏教の諸天（織田得能『仏教大辞典』による）

欲界

- 地居
- 虚空居
- 四天王天
  - 持国天（東）
  - 増長天（南）
  - 広目天（西）
  - 多聞天（北）
- 忉利天
- 須夜摩天
- 兜率天
- 化楽天
- 他化自在天

色界

- 初禅天
  - 梵（衆）天
  - 梵衆天
  - 梵輔天
  - 大梵天
- 二禅天
  - 少光天
  - 無量光天
  - 光音天
- 三禅天
  - 少浄天
  - 無量浄天
  - 徧浄天

●——帝釈天像(東大寺法華堂)

●——梵天像(東大寺法華堂)

- 四禅天
  - 無雲天
  - 福生天
  - 広果天
- 浄梵地
  - 無煩天
  - 無熱天
  - 善現天
  - 善見天
  - 色究竟天
  - 和音天
  - 大自在天
- 無色界(四空天)
  - 空無辺処
  - 識無辺処
  - 無所有処
  - 非想非非想処

色界天の数え方には諸説ある。

神牛頭天王《ごずてんのう》をまつり、その厄災をまぬがれることを目的とする。さらに修験道《しゅげんどう》の発展は新しい神格の誕生に寄与するところが大きかった。吉野金峰山《きんぶせん》に出現したという蔵王権現《ざおうごんげん》▲などがその典型である。

第四の形態は、本地垂迹《ほんじすいじゃく》と呼ばれる。本と迹の概念は、中国の六朝《りくちょう》時代からみられ、とくに日本には天台《てんだい》の教学の影響で広まった。天台では、『法華経《ほけきょう》』を前半と後半に分け、前半を迹門《しゃくもん》、後半を本門《ほんもん》と呼ぶ。本門で説かれる永遠の仏陀《ぶっだ》に対して、インドに生まれ、八〇歳で死んだ歴史上の仏陀はその仮の現れ(迹)であるとされる。それが仏と日本の神の関係に適用され、仏を本地、神を垂迹とするのである。平安末ごろには、日吉《ひよし》は釈迦《しゃか》、伊勢は大日《だいにち》というように、具体的に個々の神の本地▲が定められるようになる。もっとも必ずしも天台だけでは説明できず、密教で、仏が菩薩や明王の姿をとる三輪身《さんりんしん》▲の考え方なども影響しているであろう。

以上のような諸形態は、奈良時代から平安時代にかけてしだいに形成されてきた。やがてそのような実際信仰のレベルでの習合現象をうけながら、それを言説化し、さらに理論化、体系化していくのが中世神仏習合理論の課題となる

▼蔵王権現　金剛蔵王菩薩ともいう。平安中期には役行者《えんのぎょうじゃ》が金峰山で感得したという伝承が生まれ、広く信仰されるようになった。三眼・青黒色の忿怒《ふんぬ》相で、頭に三《さん》鈷冠《こかん》をいただき、左手は剣印で腰にあて、右手は三鈷杵《さんこしょ》をとり、左足は盤石《ばんじゃく》を踏み、右足は空中にあげる。

▼神の本地　ほかに、熊野《くまの》の本地は本宮・阿弥陀、新宮・薬師、那智《なち》・千手観音とするのが有名。

▼三輪身　仏の本来の姿が自《じ》性《しょう》輪身、菩薩として教法を説いて衆生を救済する姿が正法《しょうぼう》輪身、調伏しがたい衆生を明王の忿怒の姿で屈服させるのが教令《きょうりょう》輪身。

●—僧形八幡像(東大寺、快慶作)

●—蔵王権現立像(鳥取県三仏寺)

●——三輪身

自性輪身	正法輪身	教令輪身
大　日	般若菩薩	不動明王
阿　閦	金剛薩埵	降三世明王
宝　生	金剛蔵王菩薩	軍荼利明王
阿弥陀	文殊菩薩	大威徳明王
不空成就	金剛牙菩薩	金剛薬叉明王

『岩波仏教辞典』第２版による。

のである。そのなかで、仏教や仏教由来のインド思想や神話と結びつけて、「中世神話」と呼ばれる中世独自の神話も形成される。従来荒唐《こうとう》無稽《むけい》としてまともな研究の対象とされなかったものであるが、仏教の説を採り入れることにより、日本という枠からはみだし、インド神話をも採り入れた壮大な宇宙論的神話へと展開している。神仏習合の世界は、きわめて雄大に構想力が羽ばたく世界である。

以上の概観からわかるように、神仏習合といっても、既成の神道と仏教という二つの宗教が関係をもつというわけではない。むしろ神道は、初期の神祇信仰から、神仏習合をとおしてしだいに独自の宗教としての体裁を整えてくるのである。その際、習合といっても、一体化するわけではなく、部分的に融合しながら、他面では独立性を保とうとする。このことは神仏隔離に典型的にみられる。しかも両者の関係は、仏教が優位に立つことは事実であるが、神祇信仰が仏教に吸収されてしまうわけではない。むしろ仏教を媒介に、自立的な神道へと形成していくのであり、土着宗教の力をあなどることはできない。

他方、仏教も土着化することによって、大きく変容する。とくに比較的早くから神祇信仰、あるいは神道と分業関係を結ぶことによって、死後の極楽往《ごくらくおう》生《じょう》、葬送儀礼、および死後の供養など、死にかかわる分野においてもっとも力を発揮することになる。このことは今日の日本の仏教の性格をも大きく決めることとなった。神仏習合は中世を中心としながら、現代にまでかかわる大きな問題をもっている。

②——山王をめぐる神道説

山王の神

神仏習合《しんぶつしゅうごう》は南都《なんと》諸宗やいわゆる新仏教▲系統にも広くみられ、むしろ神祇《じんぎ》不拝《はい》の態度は法然《ほうねん》門下の一部や親鸞《しんらん》門下などにのみみられた特異なものである。そのなかで、神仏習合をもっとも理論的に追求したのは、天台宗《てんだいしゅう》系統の山王《さんのう》神道▲と、密教《みっきょう》の影響の強い両部《りょうぶ》神道である。そのうち、両部神道は、天台・真《しん》言《ごん》・伊勢《いせ》などが複雑に絡み合い、いまだその実態が解明されていないところが大きい。それに対して、山王神道は、のちには他との関係も生ずるが、基本的には比叡山《ひえいざん》の守護神である日吉《ひよし》(「ひえ」とも読む)大社《たいしゃ》の意義を天台の理論によって説明しようというものである。その点では枠組みが比較的わかりやすい。

日吉大社は比叡山の東の山麓である坂本《さかもと》(滋賀県大津《おおつ》市)にある。標高三八一メートルとけっして高くはないが、小高くて遠くからも目につく八王子山《はちおうじやま》を神《しん》体山《たいさん》として、その下に大宮《おおみや》川にそってゆったりと開けている。東西に分かれ、東側の中心は東本宮《ひがしほんぐう》、西側の中心は西本宮《にしほんぐう》である。東本宮の前には樹下《じゅげ》宮、

▼**新仏教**　鎌倉時代に興った法然や親鸞の浄土教《じょうどきょう》、道元《どうげん》などの禅《ぜん》、日蓮《にちれん》の法華《ほっけ》信仰などを新仏教として、それ以前の天台・真言・南都諸宗などの旧仏教に対立させる図式が長く行われてきた。しかし、この図式は黒田俊雄の顕密《けんみつ》体制論によって壊され、中世の仏教は全体として、よりダイナミックな運動とみられるようになってきている。それゆえ、新仏教というのも、便宜上の呼称でしかない。

▼**山王神道**　「山王」という呼称は、中国の天台山の守護神山王元《さんのうげん》弼真君《ひっしんくん》に由来するとされる。

●──八王子山

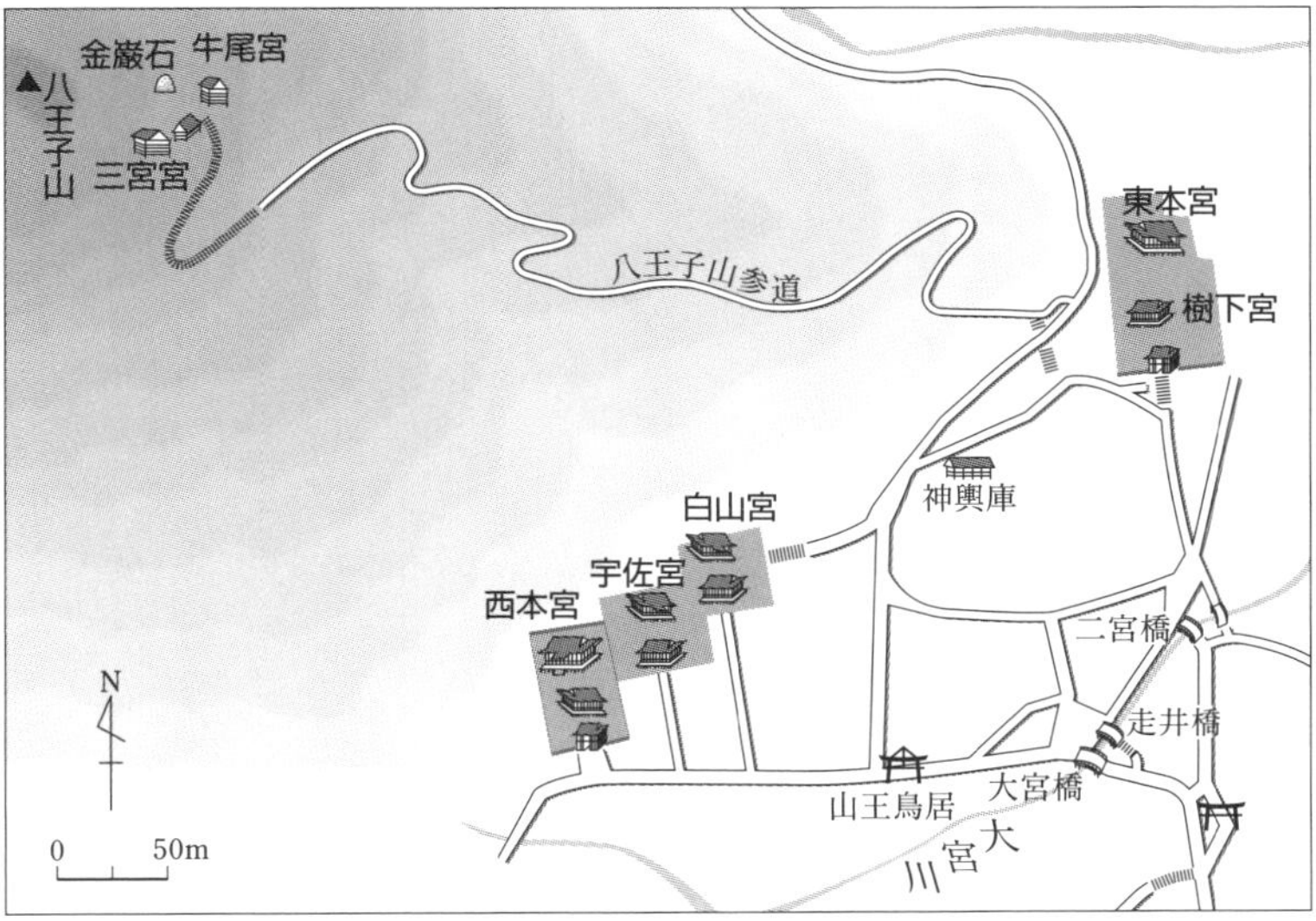

●──日吉大社境内図

●──日吉大社西本宮本殿(滋賀県大津市坂本)

●──日吉大社東本宮本殿(同上)

西本宮にならんで宇佐宮《うさ》と白山宮《はくさん》があり、さらに八王子山の上に牛尾宮《うしお》と三宮《さんのみや》がある。以上をあわせて山王七社と呼ぶ。東本宮の祭神は大山咋神《おおやまくいのかみ》、西本宮の祭神は大己貴神《おおなむちのかみ》である。しかし、古くは七社をつぎのように呼ぶのが普通であった。あわせて本地仏《ほんじぶつ》をも記しておく。

大宮（西本宮、釈迦《しゃか》）、二宮（東本宮、薬師《やくし》）、聖真子《しょうしんし》（宇佐宮、阿弥陀《あみだ》）、八王子（牛尾宮、千手観音《せんじゅかんのん》）、客人《まろうど》（白山宮、十一面観音）、十禅師《じゅうぜんじ》（樹下社、地蔵）、

三宮（三宮、普賢《ふげん》）

この七社を上社《かみしゃ》として、中《なか》七社、下《しも》七社をあわせて山王二十一社と呼ぶこともしばしばみられる。さらにその末社《まっしゃ》を加えて百八社ともいわれる。では、このような祭祀の体系はどのように形成されたのであろうか。

大宮（大比叡）と二宮（小比叡）では、二宮のほうが古いと考えられている。もともとは神体山である八王子山に対する山岳信仰に発するもので、地主神《じしゅしん》的な性格を有する。すでに『古事記《こじき》』に「大山咋神、また山末《やますえ》の大主《おおぬし》神と名づく。此《こ》の神は、近淡海《おうみ》国の日枝《ひえ》山に坐《ま》す」といわれており、大山咋神が祭神とされている。この神は、「亦葛野《またかずの》の松尾《まつお》に坐す鳴鏑《なりかぶら》を用いる神なり」ともいわれるよ

●――山王宮曼荼羅　上に山王二十一社の本地仏を描き、下に八王子山と日吉大社を描く。

●—日吉曼荼羅　山王上七社と中七社のうち三社の計一〇社の社殿と本地仏を描く。

●—山王本地仏曼荼羅

うに、松尾社▲とも関係があり、さらに賀茂《かも》玉依比売命《たまよりひめのみこと》を娶って賀茂《かも》別雷《わけいかずち》神を生んでいるから、賀茂▲とも深い関係がある。

これに対して、大宮は三輪《みわ》▲から勧請《かんじょう》されたものであるが、最澄《さいちょう》▲によって勧請されたとも、天智《てんじ》朝の勧請ともいわれる。近年の研究では最澄以前にさかのぼると考えられている。円珍《えんちん》▲が座主のときに、大比叡神・小比叡神に対して神位が授けられ、年分度者《ねんぶんどしゃ》▲があたえられている。この二神に聖真子が加わって、山王三聖《さんしょう》と呼ばれるが、これも円珍のころからと考えられる。その後、第十八代座主良源《りょうげん》▲のころ、その信仰はいっそう進展し、十一～十二世紀には山王七社の体制が確立し、さらに七社を北斗七星《ほくとしちせい》と同一視する思想も展開するのである。ちなみに、山王三聖の本地である釈迦・薬師・阿弥陀は、それぞれ比叡山の西塔《さいとう》・東塔《とうとう》・横川《よかわ》の本尊であり、この三仏のセットは天台宗で重要な役割を果たすものである。

本地垂迹理論の形成

山王神道に関して成立が古いと考えられてきた文献が、最近の研究でははる

▼松尾社　松尾大社。京都市西《にし》京《きょう》区。祭神、大山咋神・中津姫《なかつひめ》命。二十二社の一つで、中世以後、酒造の神とされる。

▼賀茂　賀茂別雷神社（上賀茂《かみがも》神社、京都市北《きた》区、祭神・賀茂別雷大神）と賀茂御祖《みおや》神社（下鴨《しもがも》神社、京都市左京《さきょう》区、祭神・玉依媛《たまよりひめ》命・建角身《たけつぬみ》命）。

▼三輪　大神《おおみわ》神社。奈良県桜井《さくらい》市。祭神、大物主《おおものぬし》神・大己貴《おおなむち》神・少彦名《すくなひこな》神。もとは三輪山を神体山とする。中世には三輪流神道が発展。

▼最澄　七六七～八二二年。日本天台宗の祖。比叡山に延暦寺《えんりゃくじ》を創建した。伝教大師《でんぎょうだいし》。

▼円珍　八一四～八九一年。第五世天台座主。天台宗寺門《じもん》派の祖。智証大師《ちしょうだいし》。

▼年分度者　毎年、諸宗や大寺院に一定数の得度者を認める制度。

かに時代がくだることがわかってきて、本当に信頼できる文献としては、『耀《よう》天記《てんき》▲』と呼ばれるものが随一であると考えられる。本書は四〇項目にわたって日吉の祭神や祭礼について記したもので、その最初に貞応《じょうおう》二（一二二三）年十一月の年記があることから、十三世紀前半には原型が成立していたものと考えられる。

その原型に含まれず、のちに加えられた部分に「山王事」という項目がある。他の項目が短い断片の集成であるのに対して、「山王事」は『耀天記』全体の半分近くを占める長編で、『耀天記』のなかでも唯一教理的な面から本地垂迹《ほんじすいじゃく》説を説いており、注目される。「山王事」の成立年代については諸説あるが、必ずしも確定していない。しかし、おおよそは十三世紀前半から中ごろにかけての成立と考えられる。

「山王事」の中心となるのは、釈迦＝大宮の垂迹理論である。この釈迦の垂迹の根拠となるのは釈迦の広大な慈悲《じひ》である。釈迦は四〇余年教えを説いたが、その後、「私は滅度《めつど》した後、末法《まっぽう》の時代に大明神《だいみょうじん》と現じて、広く衆生《しゅじょう》を救済しよう」（我滅度後、於末法中、現大明神、広度衆生）と誓い、それが実現したのが

▼**良源**　九一二〜九八五年。第十八代天台座主となり、衰退していた比叡山の復興を果たした。慈《じ》慧《え》大師《だいし》。元三大師《がんざんだいし》として、信仰される。

▼**『耀天記』**　もともと日吉社の社家の神事奉仕のための覚書であったと考えられる。『神道大系』日吉などに収録。

大宮であるというのである。この文句は、しばしばほかで「『悲華経《ひけきょう》』▲に曰く」として引用されるものである。ところが、実際には『悲華経』のなかにでてこない。しかし、『悲華経』はこの時代の釈迦信仰を考えるうえで、もっとも基本となる経典であり、それとの関係はきわめて重要である。

『悲華経』というのは、釈迦の前世譚《ぜんせたん》を説く経典である。かつてこの世界に無《む》諍念王《じょうねんおう》という転輪聖王《てんりんじょうおう》がいて、その臣下《しんか》に宝海《ほうかい》という梵志《ぼんし》（バラモン）の大臣がいて、その子は宝蔵如来《ほうぞうにょらい》という仏になった。宝蔵如来のもとで、無諍念王や王子たち、また宝海らが菩提心《ぼだいしん》を起こして修行し、無諍念王は無量寿仏《むりょうじゅぶつ》（阿弥陀仏）になるという授記《じゅき》（予言）を受け、またその一〇〇〇人の王子たちは観世音《かんぜのん》、得大勢至《とくだいせいし》、文殊師利《もんじゅしり》、普賢、阿閦《あしゅく》などになることが予言される。それに対して、宝海は五〇〇の誓願を立てて穢土《えど》の五濁悪世《ごじょくあくせ》▲に成仏《じょうぶつ》することを願う。こうして宝海が仏となったのが釈迦仏だというのである。

『悲華経』はこのように、阿弥陀仏の浄土教《じょうどきょう》に対抗し、他方世界に浄土をつくる阿弥陀仏よりも、この穢土のなかで衆生を救済しようとする釈迦仏の慈悲を強調する経典である。末法における救済を求めていた院政期《いんせい》から鎌倉期にかけ

▼**『悲華経』**　北涼《ほくりょう》・曇無讖《どんむしん》訳。一〇巻。梵本《ぼんぽん》もあり、インドの成立であることがはっきりしている。

▼**五濁悪世**　五濁は、減劫《げんごう》（住劫のうち、人の寿命が短くなる期間）に起こる五つの厄災。劫濁・見濁・煩悩《ぼんのう》濁・衆生濁・寿命濁。

て、もっとも人気のある経典の一つとなったのもゆえなしとしない。さきほど引用した文句は、その『悲華経』の思想を本地垂迹と結びつける役割を果たしている。

ここからも知られるように、「山王事」の本地垂迹説は末法悪世観に基づいている。末法というだけでなく、地理的にみても日本は劣っている。日本は小国のなかでも小国であるから、仏が世にでることもなく、愚鈍《ぐどん》で善根《ぜんこん》の少ない人ばかりだから、説法教化する対象ともならない。それだからこそ、仏は姿を変えて神と現ずることが必要だったのである。このように、本書は末法小国意識の上に立つ本地垂迹説であり、神国説もあくまでその上に立って論じられる。日本が神国であるというのは、釈迦の慈悲に基づいて、諸仏の垂迹である神々が末法小国である日本を守ってくれるというのであり、日本の優越に基づく神国思想とは異なっている。

ちなみに、「山王事」では、釈迦がみずからの教えが中国に伝わる前に、迦《か》葉《しょう》、光浄《こうじょう》、月光《がっこう》という三菩薩《ぼさつ》をまず遣わして、それぞれ老子《ろうし》、孔子《こうし》、顔回《がんかい》となって人びとを教化したという話が載せられている。これは『清浄法行経《しょうじょうほうぎょうきょう》』▲

▼『清浄法行経』　中国・日本の文献に多く引用されるが、すでに散逸されていたものと考えられていた。ところが、近年、名古屋の七寺から発見され、公刊された(『七寺古逸経典研究叢書』二、大東出版社、一九九五年)。

という偽経（中国で作成された経典）に説かれるもので、『摩訶止観《まかしかん》』▲に対する中国天台六祖湛然《たんねん》▲による注釈『止観輔行伝弘決《しかんぶぎょうでんぐけつ》』にも引用されている。本地垂迹説のもととなる話であり、おそらく本地垂迹説は単なる理論からではなく、このような中国で流布していた物語をモデルに考えられるようになったものであろう。

記家――知の記録者

中世の天台神道理論を担ったのは、記家《きけ》と呼ばれる比叡山の僧のグループであったと考えられる。彼らは叡山の記録の専門家であったが、そのことは当然ながら叡山と密接に関連する山王神道を含み込むことになる。『山家要略記《さんげようりゃっき》』▲（『要略記』）、『渓嵐拾葉集《けいらんしゅうようしゅう》』▲（『渓嵐集』）など、山王神道の代表的な文献は、これら記家の知の集大成ともいうべき性質のものである。

記家の実態は必ずしも明らかでないが、『渓嵐集』の序には比較的詳しく記家について記している。それによると、記家の扱う記録に顕《けん》（顕部）・密《みつ》（密部）・戒《かい》（戒部）・記《き》（記録部）の四種類があったという。これらすべてが「記録」と呼ばれ、

▼**『摩訶止観』**　中国天台宗の開祖とされる天台智顗《ちぎ》による講義を弟子の灌頂《かんじょう》がまとめたもの。一〇巻。天台の実践法を体系的に説く。天台三大部の一つ。

▼**湛然**　七一一～七八二年。唐代の天台僧。天台三大部に対する注釈を書き、天台教学の基礎を確立した。

▼**『山家要略記』**　四一ページ以下参照。テキストは『続天台宗全書』神道一、『神道大系』天台神道（下）所収。

▼**『渓嵐拾葉集』**　四六ページ以下参照。

そのなかにまた「記録部」があるから、記録には広義と狭義の両義があるわけである。しかも、顕・密・戒・記といえば、叡山の学問のすべてにわたることになるから、広くいえば叡山の学問を総合する百科全書的な広範な学問を誇ることになる。のちにみるように、『山家要略記』は狭義の記録、『渓嵐拾葉集』は広義の記録を扱ったものとみることができる。なお、『渓嵐集』序によると、広義の記録はまた、顕部・密部・戒部・記録部・医療部・雑記部の六部門にも分けられる。医療部はもちろん医学に関するもの、雑記部は古今の美談などを集めたものであり、記録の百科全書的性格がよりいっそう明らかになるであろう。

記録が二重の意味をもつということは、広義の記録の諸部のなかでも狭義の記録がもっとも重要な位置に立つことを示している。実際『渓嵐集』では、顕・密・戒に対して「記録は末後の一言」といわれ、記録こそ究極の言説であることが明言されている。「記録成仏」とさえいわれ、記録がいわば天台の学問修行のもっとも奥義《おうぎ》とさえみられていたのである。

ところで、四部の記録にはそれぞれ灌頂《かんじょう》がある。灌頂はもともと頭に水をそそいで法の伝授をあらわす密教の儀式であるが、ここではそれが四部のそれそれについて規定されている。

顕　部――生智妙悟《しょうちみょうご》の秘決（生まれながらの最高の悟りについての秘決）

密　部――都法《ずほう》灌頂（金剛《こんごう》界・胎蔵《たいぞう》界すべてに関する灌頂）

戒　部――鎮護《ちんご》授戒（鎮護国家のための授戒）

記録部――和光同塵利益国土《わこうどうじんりやくこくど》灌頂

「和光同塵」というのは、『老子』に由来する言葉で、「光を和らげて塵《ちり》に同ずる」、すなわち、超越的な立場をすてて世俗的な立場にくだることをいうが、本地垂迹の理論では、仏が神として日本の社会に出現すること、すなわち本地垂迹をあらわすのに用いられる。それゆえ、「和光同塵利益国土灌頂」というのは、本地垂迹して日本の国土に利益をあたえる立場を意味し、したがって、神道を中心とすることになる。そうなると、神道に関する記録こそ記録のなかの記録であり、もっとも重要な位置に立つことになる。

ここで狭義の記録について、もう少し詳しくその内容をみておこう。狭義の記録について、『渓嵐集』ではつぎの六章を立てる。

浄刹結界《じょうせつけっかい》章――比叡山という聖地の由来。

仏像安置章――比叡山の諸堂の仏像。
厳神霊応《ごんじんれいおう》章――比叡山にかかわる諸神。
鎮護国家章――比叡山における鎮護国家。
法住方規《ほうじゅうほうき》章――比叡山のさまざまな規則。
禅侶修行《ぜんりょしゅぎょう》章――比叡山における修行の規則。

このように、狭義の記録は比叡山に関する歴史・地理をはじめとする文字どおり記録の集成であり、神道のみではないが、そのうちの第三の厳神霊応章が神道に関するものであり、そのなかで神道に関する叙述が大きな位置を占めていることは事実である。

それにしても、顕・密・戒の三部門で仏教の理論と実践はつきているはずである。どうしてそれに加えて狭義の記録を立て、またそれを重視するのであろうか。そこには普遍的な理論よりも個別的な事実を重視する発想法があると考えられる。仏教の理論はどこでも普遍的に通用するはずである。しかし、日本に定着するなかで、しだいに特定の場に限定された個別的な信仰が強くなる。たとえば、観音《かんのん》菩薩といえば、どこにあっても衆生に対して救済を示す存在であり、特定の場に限定されない。ところが、たとえば清水《きよみず》▲の観音とか六角堂《ろっかくどう》▲の観音とかいうと、個別的な寺院の本尊としての観音であり、その特定の観音にとりわけ功徳《くどく》があると考えられたのである。それが発展して、院政期には西国《さいごく》三十三箇所観音霊場《れいじょう》▲の巡礼《じゅんれい》のようなこともなされるようになる。

神の場合、よりいっそう土地との結びつきが深い。伊勢・日吉・三輪《みわ》など、もともと土地と結びついた土着の神信仰に、のちになって土地から自由な神格が形成されるようになる。このように特定の土地の重視が、叡山という場に即した記録を重視する態度を形成したものと考えられる。そして、そのことは同時に、土地と結びついた神に関する事項が重要な位置を占めてくることを意味するのである。

なお、『渓嵐集』では、狭義の記録についてさらに情報を伝えている。たとえば、そこには三聖二師二〇巻の記録が重要な根拠をなす文献としてあげられている。すなわち、最澄の『三宝住持集《さんぼうじゅうじしゅう》』、円仁《えんにん》▲の『三宝輔行記《さんぼうぶぎょうき》』、円珍の『顕密《けんみつ》内証義《ないしょうぎ》』、安然《あんねん》▲の『四明安全集《しめいあんぜんしゅう》』、良源の『御遺告《ごゆいごう》』である。これらは『山家要略記』などの諸書に引用され、重要な典拠とされているものであるが、いずれも

▼**清水**　清水寺《せいすいじ》。京都市東山《ひがしやま》区。現在は北法相宗《きたほっそうしゅう》。平安時代以来、観音の霊場として知られる。現在の本尊十一面観音は南北朝時代の作。

▼**六角堂**　京都市中京《なかぎょう》区にある頂法寺《ちょうほうじ》の俗称。聖徳太子の創建と伝え、如意輪《にょいりん》観音を本尊とする。

▼**西国三十三箇所観音霊場**　観音の三十三身に基づく三十三カ所霊場のうちもっとも古く、十二世紀には成立していた。

▼**円仁**　七九四～八六四年。第三世天台座主。天台宗山門《さんもん》派の祖とされる。慈覚大師《じかくだいし》。

▼**安然**　八四一～?。日本天台宗の学僧。天台密教(台密《たいみつ》)を大成した。

偽書、というよりもそもそもこれらの諸書に引用された断片以上のまとまったものは存在しなかったと考えられる。こうした偽書、あるいは引用のみが存する非実在文献の利用は、同じ時期の天台本覚《ほんがく》思想▲関係文献にもみられるところであり、共通の発想に基づいていることが知られる。それにしても、実在しない文献が根拠となりうるというのは、今日の常識と異なる中世的な発想の大きな特徴といえよう。

▼天台本覚思想　四九ページ参照。

天台教学と神道理論――『山家要略記』

記家による著作は、叡山文庫などに写本の形で伝えられたものが少なくないが、代表的なものとしては『山家要略記』と『渓嵐拾葉集』の二つがあげられよう。『要略記』は院政期に天台座主を務めた顕真《けんしん》(一一三一〜九二年)の著とされるが、実際の成立ははるかに遅れると考えられている。ではいつの成立かというと、必ずしも決定的な証拠はないものの、奥書に名のみえる義源《ぎげん》によって集大成されたという説が有力である。義源は生没年ははっきりしないが、鎌倉時代末から南北朝《なんぼくちょう》へかけて(十三世紀末から十四世紀中葉)の叡山の僧であり、晩年には関東にくだっている。『渓嵐集』の編者光宗《こうしゅう》は義源の弟子であり、このころ、記家の学問が集大成されたことが知られる。

『要略記』は、九巻本・七巻本・五巻本・三巻本・一巻本など、さまざまな形態の写本が残されており、必ずしも最初からきちんと整理されたものではなかった。しかも、一つの巻のなかもまた、体系的に論じたものではなく、さまざまな断片的な記録伝承を、関連するものを近くにおいて編集したものであり、思想的に深く追求して論じたものではない。『渓嵐集』にもにたところがあり、断片的な口伝《くでん》伝承がしだいに体系的にまとめられていく段階のものとみられる。同様に断片的な伝承を集めたものは、当時の密教や天台本覚思想関係の文献や、また、歌学《かがく》などの文芸の伝承にもみられ、時代の特徴を示すものといえよう。

前述したように、『渓嵐集』が広義の記録の全体にわたるのに対して、『要略記』は狭義の記録に限定されており、はっきりと対象を限定するところに、記家の学問が単なる個人の性向を越えて、記家としての確固としたシステムがあったことが知られる。さらに、狭義の記録のなかでも、『要略記』は厳神霊応章を中心に論じている。厳神霊応章は、山王の神々を論ずる部門であるから、したがって、『要略記』が山王神道のもっとも中心テキストとみなされるのもゆえなしとしない。

『要略記』の神道説を『耀天記』「山王事」の本地垂迹説と較べると、かなり相違するところがあり、記家によって集大成された山王神道の特徴をうかがうことができる。そこで、「山王事」と較べながら、その特徴をみることにしよう。

まず注目されるのは、「山王事」ではあくまで釈迦＝大宮というところに中心がおかれていた。ところが、本書では大宮だけを特別重視することがない。七社のいずれについても論じており、まとめるときは七社として総括するか、または大宮・二宮・聖真子の山王三聖としてセットにすることが多い。前述のように、三聖は比叡山の西塔・東塔・横川の本尊である釈迦・薬師・阿弥陀というセットに対応するものであり、その点でも重要であるが、「三」というのは天台教学上きわめて重要であり、山王の神々を教学的に意味づけようとするとき、「三」という数字がキーナンバーとなるのである。

というのも、天台の中心的な真理表現に三諦《さんだい》(三つの真理)説があるからである。三諦はつぎの三つである。

空諦《くう》――一切存在は空であり、実体をもたないという真理。

仮諦《け》――一切存在は実体をもたないが、因縁に従って現象しているという真理。

中諦《ちゅう》――空諦・仮諦のいずれにも偏せず、高次に統合されているという真理。

これらの三つの真理が相互に連関しあっているのを三諦円融《えんゆう》といい、また三諦を心に観ずるのを一心三観《いっしんさんがん》という。そのほかにも、天台では「三」を用いた真理表現がいろいろある。こうして三聖の「三」と三諦などの「三」が結びつけられてくるのである。大宮は三輪を勧請したものであるが、三輪の「三」も同様に結びつけられてくる。また、「山王」という二字は、それぞれ縦の三本棒に横の「一」を加えたのと、横の三本棒に縦の「一」を加えたものであり、いずれも一心三観をあらわしたものとされる。いささかこじつけではあるが、このようなこじつけは中世の論書にはしばしば用いられるものであり、それによって身近なものに深い意味があたえられることになるのである。

ところで、大宮中心説が弱められると、それに対応して釈迦の慈悲を根拠とする「山王事」の本地垂迹説も変わってきて、山王神の多様な性格が明らかになる。山王神は、西天にあっては月氏《げっし》の霊山《りょうせん》の地主明神であり、金毘羅《こんぴら》▲神であり、震旦《しんたん》（中国）では天台山の鎮守《ちんじゅ》明神である。こうして、山王神はインド・中国・日本の三国を貫いて、天台を中心とする仏法の守護神であるとされる。また、わが国においては、三輪神と一体とされるのは、大宮が三輪から勧請されたものであるから当然であるが、そこには当時しだいに勢力を広げつつあった三輪流の神道との交流が考えられる。

また、小比叡（二宮）は国常立尊《くに(の)とこたちのみこと》と一体化され、天地開闢《かいびゃく》のときに天よりくだったので地主権現というのだとして、その法号を華台《けだい》菩薩としている。こうして日吉の神は天地創造神話と結びつけられることになる。さらに、八王子が天照大神《あまてらすおおみかみ》の八人の王子と同一視され、十禅師が天照大神の皇孫と同一視されることにより、伊勢とも結びつくことになる。

このように、本書では単純な本地垂迹だけでなく、天台の三諦説と結びつけることで理論的に深められ、さらに他の神々と同一視することにより、神々のネットワークを緊密化していく。こうした作業は山王だけでなく、両部神道に

▼**金毘羅**　梵語クンビーラの音写。もともとガンジス川の霊魚。仏教に取り入れられ、夜叉《やしゃ》を率いる。日本では金比羅宮《こんぴらぐう》（香川県琴《こと》平《ひら》町）が有名。

もみられるもので、中世の習合神道の特徴をなすものである。

神仏関係の逆転――『渓嵐拾葉集』

すでに幾度も言及した『渓嵐拾葉集』は、義源の弟子光宗が編集したもので、『大正新脩大蔵経《たいしょうしんしゅうだいぞうきょう》』第七十六巻に収録されたもので全一一三巻という膨大なものである。ただし、写本によって構成が非常に異なり、巻の順番も必ずしも決まっていたものではない。『大正新脩大蔵経』では巻数を立てているが、実際にはその底本の真如《しんにょ》蔵本にはそのような順番による巻立てはなく、校本の浅草《せんそう》寺《じ》本によるもののようである（浅草寺本は未見）。その成立年代は、序や縁起《えんぎ》に記載された文保《ぶんぽ》二〜三（一三一八〜一九）年ごろが目安となろう。

前述のように、本書は広義の記録の集大成をめざしたものであり、その内容は顕・密・戒、ならびに狭義の記録を含む。ただし、医療部などは含んでおらず、その点ではあくまで仏教内の問題に限られているが、その枠内では、当時の叡山の仏教の百科全書といって過言でない。光宗はまさにそのような雄大な仕事に適任の大学者であった。「縁起」には、光宗が師事した先生の名前が列挙されているが、それによると、光宗は天台・真言《しんごん》・神道はもとより、禅《ぜん》・華《け》厳《ごん》・三論《さんろん》・法相《ほっそう》・倶舎《くしゃ》・浄土などの仏教諸派、ひいては医方・俗書・歌道・兵《へい》方《ほう》・術方《じゅつほう》・作業《さごう》・土巧《どこう》・算術にいたるまでの幅広い学問を積んでいたことが知られる。肝腎の神道に関しては、神明灌頂を公慶《こうけい》僧都・義源僧都・智円《ちえん》僧都の三人から受けている。

そこで、本書の神道理論であるが、『要略記』よりもさらに天台教学との融合が進められ、山王の根源性が主張されるようになる。山王にさまざまな意味付けをあたえることは、『要略記』にもみえるが、『渓嵐集』ではその発想がより一層進展し、体系化される。たとえば、本書の巻五(便宜的に大正新脩大蔵経本の巻数による)では、垂迹山王・無作《むさ》山王・不二《ふに》山王・法身《ほっしん》山王・報身《ほうじん》山王・当体《とうたい》山王・首題《しゅだい》山王・一念三千《いちねんさんぜん》山王などと、天台教学の根本概念がすべて山王と結びつけられている。

また、ここでは「山王」というのは「三諦円融の心地」であり、「天真独朗《てんしんどくろう》にして法界歴歴《ほっかいれきれき》」であると説かれている。「天真独朗」というのは、生まれながらにして真実そのものである境地をいい、もとは天台智顗《ちぎ》▲の『摩訶止観』巻一にみえ

▼**天台智顗**　五三八〜五九八年。南北朝末期・隋《ずい》代の中国の僧。中国天台宗の開祖。

●—**山王鳥居**　上部の合掌組に特徴がある。

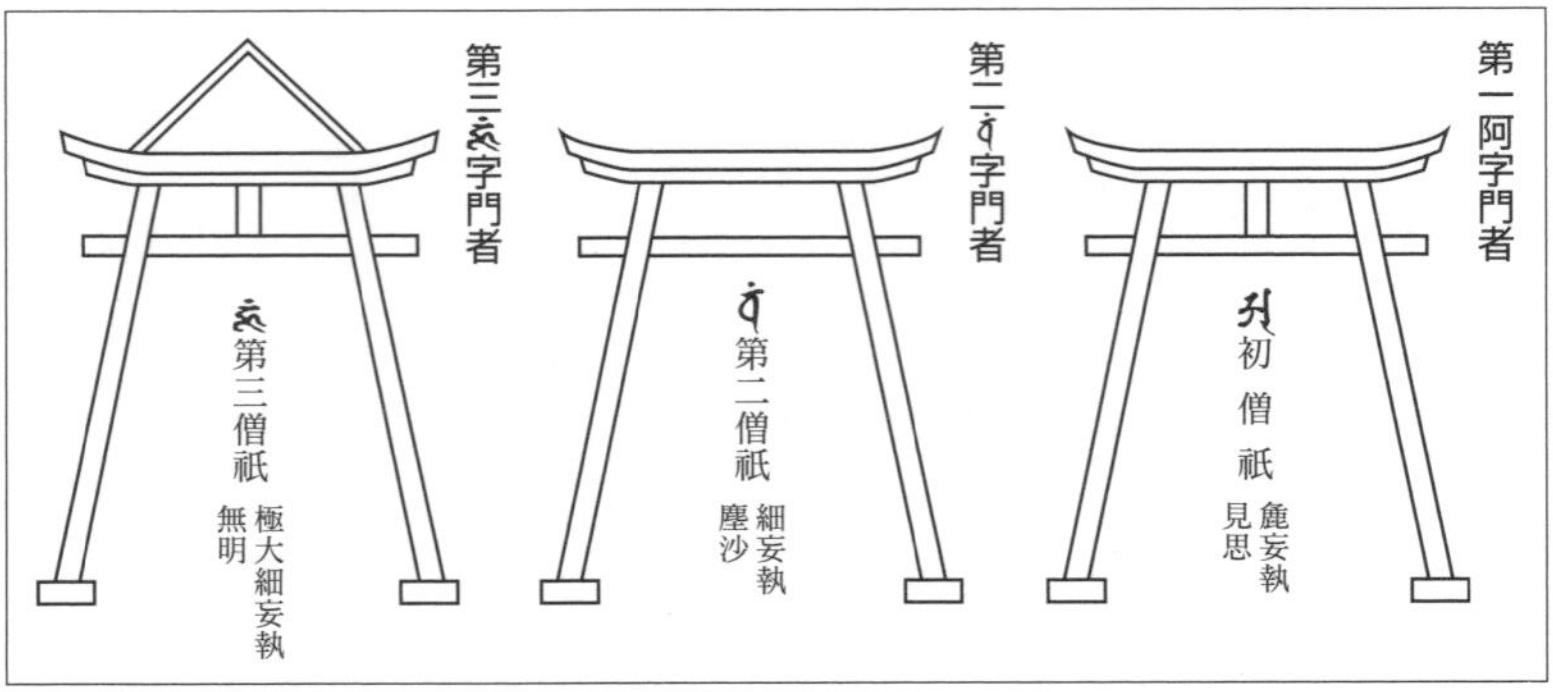

●—**鳥居の教学的説明**(『渓嵐拾葉集』による)

るが、中世の日本では、本覚思想関係の文献に多くみられ、修行をへずに凡夫《ぼんぶ》のままで悟りの世界に達していることをあらわすのに使われる。本書には、密教の影響とともに、随所に本覚思想の影響がみられ、本書の時代性をうかがわせる。実際、ここでは「我々の胸のうちを探してみると、心の本体の上に一切存在が同時に完全に具わっている」という、そのことが山王明神にほかならないという口伝を伝え、それを「恵心一流《えしんいちりゅう》の相伝」であるとしている。このことから、山王神道の流れが本覚思想と密接に関連してきていることが知られる。

本覚思想は近年中世の仏教思想として重視されるようになってきたが、広義には、修行不要で凡夫のままで悟りに達していると説く思想を一般的にさす。これはこのころ天台に限らず広く流行するようになった思想傾向である。しかし、より厳密に狭義にいえば、中世の天台の流れのなかで、口伝法門《ほうもん》▲によって伝えられた特殊な教義解釈をいい、最終的に三重七箇法門▲として体系化される。恵心流と檀那流《だんなりゅう》▲があり、ここで「恵心一流」といわれているのは、その恵心流のことで、本覚思想のもっとも主流となる一派であるから、本覚思想と神道理論が深くかかわるようになった事情がみてとれよう。

▼**口伝法門**　究極の真理は公開できないとして、師から弟子に口伝えされた。それが切り紙などの形で記され、集積して独特の体系を生むにいたる。仏教諸宗にみられるが、とくに天台では独特の本覚思想を生んだ点で注目される。

▼**三重七箇法門**　恵心流で伝える天台の教義解釈に関する奥義。七箇の大事を教《きょう》・行《ぎょう》・証《しょう》の三重に伝授する。

▼**恵心流と檀那流**　日本天台の教えは、良源の弟子の段階で源信《げんしん》(恵心)と覚運《かくうん》(檀那)の二つの流れに分かれ、口伝法門として伝えられたという。

このような動向と関連して、本書では従来の本地垂迹説が転換して、逆に日本の神こそ仏の根本という説がみられるようになる。たとえば、「神明は大日《だいにち》なり。釈迦は応迹《おうしゃく》の仏なり。此の時、我が国は大日の本国、西天は釈迦応迹の国なり」として、日本の神こそ本源であり、釈迦は神が姿を変えてあらわれたものだという説を主張している。いわゆる反本地垂迹説である。

反本地垂迹説はさまざまな理論付けがなされているが、その根本には本覚思想的な発想があり、「およそ顕宗の意には仏を以て本と為すが故に、八相作仏《はっそうさぶつ》の釈迦を以て教主と為すなり。真言教の意には一切衆生の無作本有《むさほんぬ》の体を以て自性法身と習うなり」として、八相成道《じょうどう》▲をとってこの世に出現した釈迦仏を教主とするのを顕宗とし、一切衆生のあるがままの本来性(無作本有の体)を本来の法身(＝大日)とするのを密教の説としてより上におく。このような立場は、明らかに本覚思想的な発想である。

のちにみるように、鎌倉時代末から南北朝期には、両部神道や伊勢神道系でも日本中心説が高まる。天台系の神道でも同じような動向があらわれるのであり、それが本書にもっとも顕著に反映している。

▼**八相成道**　仏が生涯に示す八つの姿。降兜率《ごうとそつ》・托胎《たくたい》・出胎《しゅったい》・出家《しゅっけ》・降魔《ごうま》・成道《じょうどう》・転法輪《てんぼうりん》・入滅《にゅうめつ》。

③—伊勢をめぐる神道説

伊勢神宮と中世神道

いわゆる伊勢《いせ》神宮は、今日正式にはただ「神宮」と呼ばれ、日本中の神社のなかでも特別視されている。「神宮」とつくものには、ほかに熱田《あつた》神宮・橿原《かしはら》神宮・明治神宮などあるが、そのなかでも別格で、明治の国家神道《しんとう》の確立にともない、全国の神社の最高の位置におかれてきた。伊勢神宮は、外宮《げくう》と内宮《ないくう》の二つの宮を中心として、数多くの別宮《べつぐう》・摂社《せっしゃ》・末社《まっしゃ》▲などを含む神社の集合体である。

内宮（天照皇大神宮《てんしょうこうだいじんぐう》）は天照大神《あまてらすおおみかみ》をまつり、三種の神器のうち八咫鏡《やたのかがみ》を神体とする。『日本書紀《にほんしょき》』によると、天照大神はもともと皇居に奉斎《ほうさい》されてきたが、崇神《すじん》天皇のときに豊鍬入姫《とよすきいりひめ》が大和《やまと》笠縫邑《かさぬいのむら》に移し、さらに垂仁《すいにん》天皇のときに皇女倭姫命《やまとひめのみこと》が鏡を奉じて各地を巡幸したうえで、神勅《しんちょく》により五十鈴《いすず》川のほとりに鎮座したという。もちろん崇神・垂仁期の話は事実ではなく、実際には七世紀ごろの事実を反映すると考えるほうがよい。いずれにしても、もともと皇室とは無関係だった伊勢に、皇祖神としての天照大神があとから鎮座すること

▼**別宮・摂社・末社**　別宮は、本宮と祭祀・祭神などが特別な関係にある神社で、内宮に一〇、外宮に四ある。摂社・末社は本宮の管理下にある小社で、摂社は内宮二七社三三座、外宮一六社一七座、末社は内宮一六社一六座ある。そのほかにも所管社がある。

になったと考えられる。それに対して、外宮（豊受《とようけ》大神宮）は豊受大神（トヨウケヒメ）を祭神とする。もともと食物神で、天照大神以前の伊勢の土地神が、天照大神が鎮座してから、従属的な位置付けにおかれたと考えられる。内宮の神官は荒木田《あらきだ》氏、外宮の神官は度会《わたらい》氏が世襲してきた。

伊勢神宮は、皇祖神をまつるという点で、古代から特殊な性格をもっていた。たとえば、国家神的な立場から私幣《しへい》を禁止したり、また、神仏習合《しんぶつしゅうごう》のなかにあって、仏教を排して神祇《じんぎ》崇拝の純粋さを保とうとしたことなどである。後者は神仏隔離と呼ばれ、宮中などにもみられる現象で、単純な神仏習合が成り立たない典型と考えられる。神宮においては、仏教に関する言葉は忌諱《きい》され、寺を瓦葺《かわらぶき》、僧を髪長《かみなが》というなどの忌詞《いみことば》が用いられた。

もっとも伊勢においてまったく仏教が排されたわけではない。僧侶も盛んに参拝しており、むしろ仏教と関係することによって伊勢信仰が広められた面が大きい。鎌倉初期の重源《ちょうげん》▲、鎌倉後期の叡尊《えいそん》▲などは伊勢信仰を広めた代表的な僧である。両部《りょうぶ》神道もこのような伊勢と神道の結びつきのなかから発展してくる。また、私幣禁止の公的性格も必ずしも維持されたわけではなく、しだいに

▼**重源**　一一二一〜一二〇六年。俊乗房《しゅんじょうぼう》、また南無阿弥陀仏《なむあみだぶつ》と号す。東大寺勧進職《とうだいじかんじんしき》として源平《げんぺい》争乱後の南都仏教復興を果たしたが、その過程で一一八六（文治《ぶんじ》二）年に東大寺衆徒《しゅと》と伊勢に参詣している。

▼**叡尊**　一二〇一〜九〇年。鎌倉時代の律宗《りっしゅう》の復興者。単なる戒律復興でなく、さまざまな社会事業や福祉事業に携わり、大きな勢力を築いた。伊勢にも三度参宮し、その門流は内宮神域内の弘正寺《こうしょうじ》を中心に活動した。

●──伊勢神宮外宮

●──伊勢神宮内宮

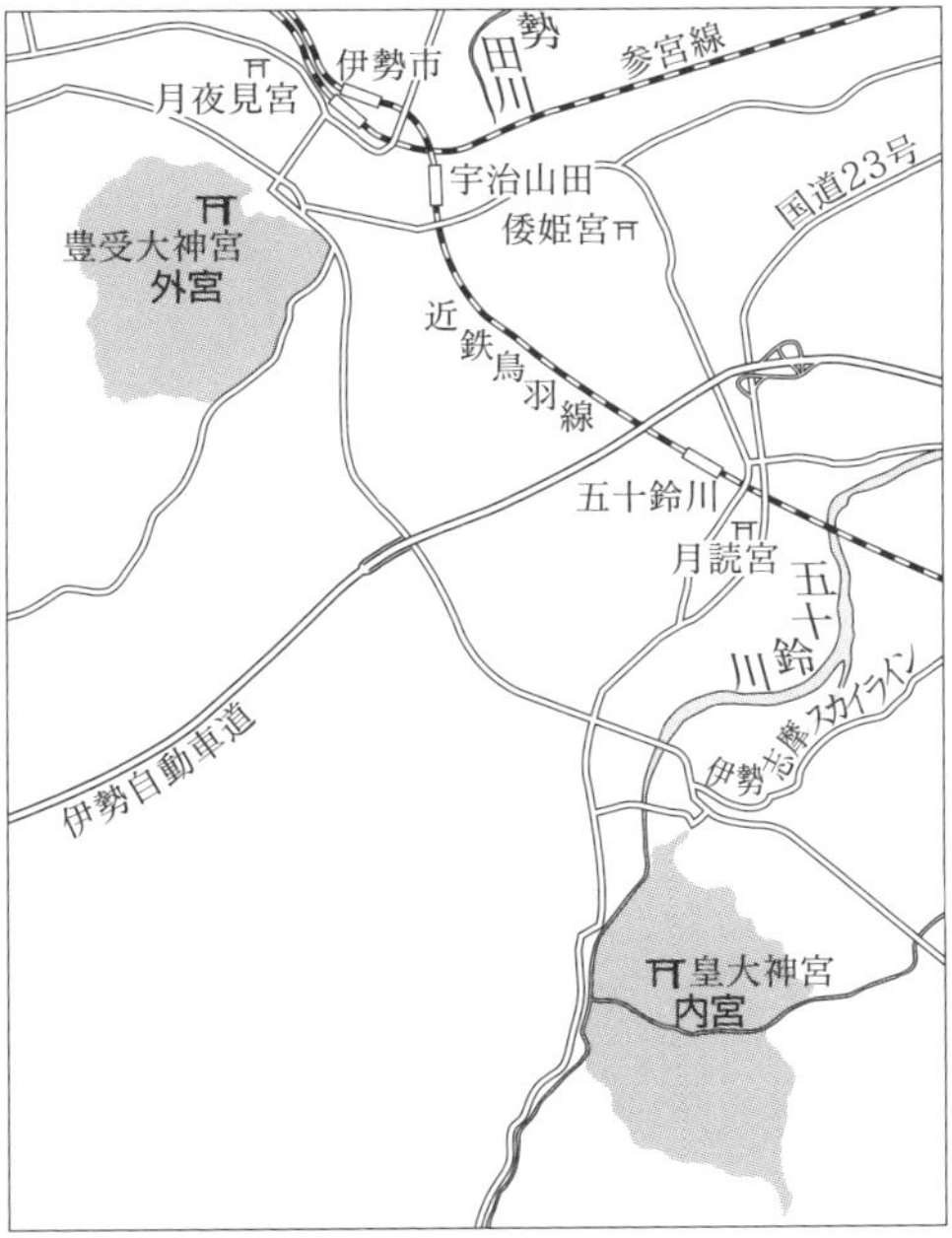

●──伊勢両宮位置関係図

●──神宮宮社の一覧

所管区分	正宮	別宮	摂社	末社	所管社	別宮所管社	総計
皇 大 神 宮	1社	10社	27社	16社	30社	8社	92社
豊受大神宮	1	4	16	8	4		33
計	2	14	43	24	34	8	125

(伊勢神宮のホームページによる)

▼御師 参詣者の案内や宿泊を業《なりわい》とした人たちで、信仰の普及に大きな力があった。伊勢に限らないが、伊勢の御師はとくに有名。

▼お蔭参り 江戸時代には伊勢参詣が庶民のあいだに普及したが、とくにある周期をもって集団的に大量の庶民が参詣に押しよせる現象をお蔭参りという。

民衆のあいだにも伊勢信仰が広まるようになり、鎌倉時代には多数の参詣者が訪れるようになる。御師《おし》▲と呼ばれる先達《せんだつ》が各地をまわって信仰を広め、参詣者の案内に立った。こうして、伊勢神宮は皇祖神という性格を裏に秘めつつ、広範な地域や階層におよぶ民衆の信仰に支えられて大きく発展するようになる。そうした基盤が江戸時代のお蔭《かげ》参り▲などにつながっていくのである。また、中世の神道理論もこのような伊勢信仰の高まりなくしてはありえなかった。

伊勢をめぐる神道理論には、密教《みっきょう》的な両部神道と、仏教の影響を受けない純粋な伊勢神道の流れがあると、従来説かれてきた。しかし、今日では両者は相互に関係なく発展したものではなく、とりわけ初期の形成期には密接に関連しあっていることがわかってきている。そのなかで、両部神道系が伊勢を密教に引きつけて仏教的な説明をするのに対して、伊勢神道系は神仏隔離の原則に従い、仏教的な説明を避けようとする。それは、それぞれの担い手集団の相違によると考えられる。前者がなんらかの形で仏教者、それも修験《しゅげん》系の関与が考えられるのに対して、後者は伊勢神宮の神官、とりわけ外宮の度会氏を中心に展開し、それゆえ、度会神道とも呼ばれる。

内宮と外宮では、皇祖神をまつる内宮のほうがどうしても中心的に考えられるが、中世になると、外宮の度会氏がその地位の向上を求め、対等、もしくは内宮以上の位置に立とうとするようになる。たとえば、豊受大神は天照大神よりもさらに根源の天御中主神《あめのみなかぬし》▲と同一視されるようになる。伊勢神道がこのような外宮の地位向上をめざす運動のなかで形成されたということは従来からいわれてきている。しかし、両部神道も明らかに同じような傾向をもつ。両宮を両部の曼荼羅《まんだら》▲に配するのは、当然両者の対等ということがなければならない。このような点からも、伊勢神道と両部神道とは必ずしも分けられず、きわめて近接した位置に立つことが明らかである。

伊勢神道の形成

伊勢神道は時期的には鎌倉時代をかけて発展してくるが、とりわけ後期から南北朝《なんぼくちょう》時代にかけて大きく発展し、度会行忠《ゆきただ》▲・度会家行《いえゆき》などの度会氏のほか、北畠親房《きたばたけちかふさ》・慈遍《じへん》などもその周辺で重要な役割を果たす。家行・親房・慈遍らは、広い学識を誇る知識人であり、仏典や漢籍を渉猟《しょうりょう》したうえで、神道の立場を

▼天御中主神　『古事記』および『日本書紀』の一書にみえる。天地開闢のとき、最初に高天原《たかまがはら》に生まれた独神《ひとりがみ》。

▼両部の曼荼羅　六〇ページ参照。

▼度会行忠　一二三六〜一三〇五年。皇字論争（五七ページ）の際、外宮側の中心となり、はじめて度会氏の神道の立場を本格的に表明した。

打ち立てようとしている。したがって、単純な神仏隔離ではなく、むしろ仏教を包摂してそれを越えるものとして神道の立場を立てようとしたものとみることができる。

伊勢神道の流れは、神道五部書《しんとうごぶしょ》に始まると考えられている。いずれも奈良時代にさかのぼる古い文献という触込みであるが、今日では鎌倉時代の偽作であることが判明している。それらは以下の五書である。

『天照坐《あまてらします》伊勢《いせ》二所《にしょ》皇太神宮《こうたいじんぐう》御鎮座《ごちんざ》次第記《しだいき》』（御鎮座次第記・次第記）

『伊勢二所皇太神御鎮座伝記』（御鎮座伝記・伝記）

『豊受皇太神御鎮座本紀《ほんぎ》』（御鎮座本紀・本紀）

『造《ぞう》伊勢二所太神宮宝基本記《ほうきほんぎ》』（宝基本記）

『倭姫命《やまとひめのみこと》世記《せいき》』

これらの五書のうち、『次第記』『伝記』『本紀』は、神宮三部書とも呼ばれ、セットをなしている。成立がもっとも早いのは『宝基本記』で、鎌倉初期ごろの成立と考えられる。つぎに『倭姫命世記』で、鎌倉初中期の作と考えられる。それに対して、神宮三部書は成立が遅く、十三世紀後半の成立であるが、遅くとも一二九六(永仁《えいにん》四)年以前にはできていたと考えられる。この年、神宮が提出した書類に外宮側が「豊受皇大神宮」と、「皇《こう》」の字をつけたことに内宮側が反発し、翌年まで続く論争となった。「皇字《こうじ》論争」と呼ばれるものである。それまでは、「皇大神宮」と名乗ったのは内宮のみで、外宮のほうは「豊受大神宮」と称していた。その論争の際、外宮側が証拠として用いたのが神道五部書であり、したがって、そのときまでには成立していたことが明らかである。ただし、当時も五部書としてまとめて認識されていたわけではなく、五部書が一括されるのは江戸時代になってからである。

この論争に象徴されるように、当時外宮側が急速に力をつけて内宮に対抗するようになってきた。中世になって自由な布教活動による教線の拡大ということになると、因習に縛られるところの少ない外宮のほうが活動しやすく、成果をあげたということが考えられる。その実力を背景に、外宮側が内実ともに内宮との同等性、あるいは優越性を確立しようとしたところに、このような論争が起こったのである。

五部書のうちで成立の早い『宝基本記』は、両宮の成立とその建築や神宝などについて述べたものであるが、雄略《ゆうりゃく》二十一年に等由気《とゆけ》(=豊受)大神を伊勢に迎えたとして、「我が祭に仕え奉るの時、先ず止(=等)由気太(=大)神宮を祭るべきなり」という天照大神の託宣を伝え、外宮の優先を示している。『倭姫命世記』もまた、倭姫が伊勢に天照大神をまつるにいたった経緯を述べる形で、「天照太(=大)神は日月と共にして、寓内《あめがした》を照らし臨み給えり。豊受太(=大)神は天地と共にして、国家を守り幸い給えり」と、両宮をセットにすることを示しているが、ここでは天照大神のほうが宇宙神として上位にあり、豊受大神を天御中主神と結びつける発想はいまだみえていない。天御中主神と同一視するのは神宮三部書になってからであり、そこに神神習合の典型的な例をみることができる。

五部書の大きな特徴として、「混沌の始めを守り、仏法の息を屏《かく》し」(『宝基本記』『次第記』)、「仏法の息を屏し、神祇を再拝し奉れ」(『倭姫命世記』)などと、仏教の忌避がいわれていることがある。このことが両部神道と異なる伊勢神道の純粋性を示すものとして、注目されてきたが、それらの言説はけっして仏法否定ではない。あくまで神仏隔離であって、神宮の祭祀に関していわれることである。そして、その神仏隔離はまた、後述のように両部神道の立場からも意味付けをあたえられるものである。その点、後代の神道の仏教否定とはまっく異質のものであることに注意しなければならない。

両部神道の形成

両部神道という呼称は古いもので、『唯一神道妙法要集』にすでに「両部習合神道」とみえており、その説明に「金胎《こんたい》両界を以て内外二宮と習い、諸尊を以て諸神に合わす」といわれている。同書では「本迹縁起《ほんじゃくえんぎ》神道」と別にあげられており、両部神道が本地垂迹《ほんじすいじゃく》と異なる範疇《はんちゅう》にいれられている。ここにいわれているように、両部神道は密教の両部曼荼羅の発想に基づいて伊勢の内宮と外宮を説明しようというのである。両部曼荼羅は、『大日経《だいにちきょう》』▲に基づく胎蔵《たいぞう》(界)曼荼羅▲と、『金剛頂経《こんごうちょうきょう》』▲に基づく金剛界曼荼羅で、前者は理、後者は智をあらわす。また、前者は女性的な原理、後者は男性的な原理とされる。

このように、本地垂迹説がもともと天台教学に基づいているのに対して、両部神道は密教を基礎としたものである。もっとも今日、両部神道という呼称が

▼『大日経』　正式には『大毘盧《だいびる》遮那《しゃな》成仏《じょうぶつ》神変《しんぺん》加持経《かじきょう》』。善無畏《ぜんむい》・一行《いちぎょう》訳、七巻。

▼胎蔵(界)曼荼羅　日本では、「金剛界」にあわせて「胎蔵界」と呼び、両者で両界と称するが、本来は「大悲《だいひ》胎蔵曼荼羅」で、「界」はない。

▼『金剛頂経』　『略出念誦経《りゃくしゅつねんじゅきょう》』四巻(金剛智《こんごうち》訳)、『金剛頂大教王《だいきょうおう》経《ぎょう》』三巻(不空《ふくう》訳)、『一切如来真実《いっさいにょらいしんじつ》摂経《せっきょう》』三〇巻(施護《せご》訳)の三種の訳がある。『大日経』よりも発展した段階の密教を伝える。

●両界曼荼羅（『岩波仏教辞典』第二版による）

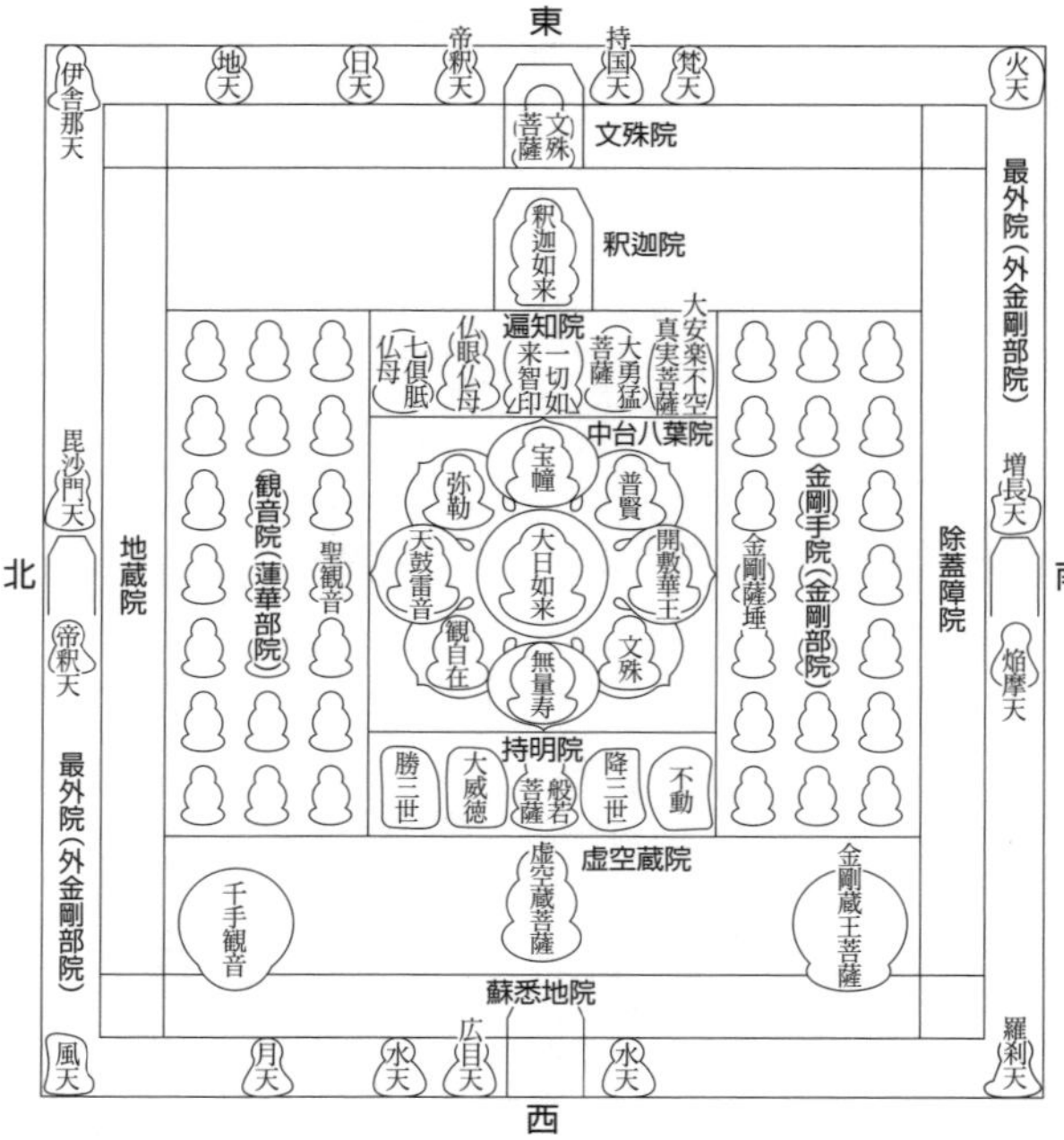

胎蔵界曼荼羅

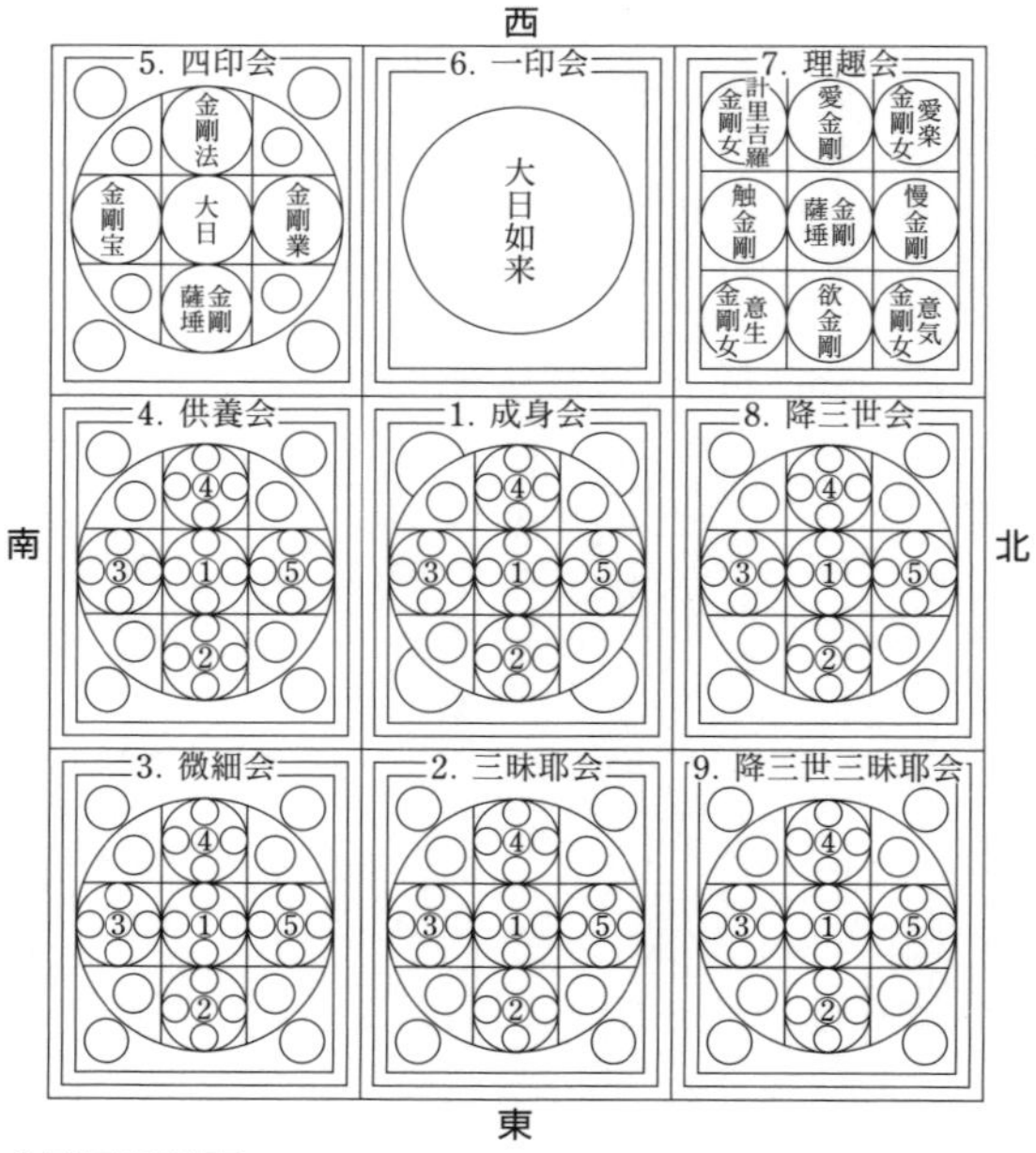

① 大日如来と四方四親近菩薩
② 阿閦如来と四方四親近菩薩
③ 宝生如来と四方四親近菩薩
④ 無量寿如来と四方四親近菩薩
⑤ 不空成就如来と四方四親近菩薩

金剛界曼荼羅

適当であるかどうか、かなり疑問視されている。まず、山王《さんのう》神道を天台宗《てんだいしゅう》、両部神道を真言宗《しんごんしゅう》と宗派的に分けるのは、適当でない。両部神道といわれるもののなかには、真言宗系の密教（東密《とうみつ》）だけでなく、天台宗系の密教（台密《たいみつ》）も影響をあたえている。それゆえ、宗派的に分かれるものではない。また、密教系の神道は必ずしも伊勢とのみ絶対的に結びつくものではない。後述のように、たとえば葛城山《かつらぎさん》系の修験《しゅげん》が大きくかかわっていると思われるし、本書では立ち入らないが、三輪《みわ》を中心に展開する三輪流神道▲もまた密教系の神道である。さらに、前述のように、伊勢神道と両部神道は必ずしも絶対的に分かれるものではない。実際、度会家行・北畠親房や慈遍など、伊勢系の神道説を集大成した思想家たちは、両部神道関係の文献をも重要な論拠としてあげている。このように、従来両部神道といわれてきたものは非常に曖昧《あいまい》であり、山王神道のように性格がはっきりしていない。それゆえ、両部神道という呼称は、ある程度漠然と便宜的なものと考えるべきである。

それにしても、密教系神道の最大のテーマが伊勢であることは誤りない。それでは、具体的に両部神道の文献を生み出したのはどのような人たちだったの

▼**三輪流神道**　大神神社の神宮寺であった平等寺《びょうどうじ》・大御輪寺《だいごりんじ》を中心に発展した密教系の神道。慶円《けいえん》（一一四〇〜一二二三年）を開祖と伝える。

であろうか。実はこれがよくわかっていない。両部神道の文献は、行基《ぎょうき》▲・空《くう》海《かい》▲などの作とされるものがあり、とりわけ両部神道を集大成した『麗気記《れいきき》』▲一四巻が空海作とされるが、もちろんそれは実際にはありえない。山王神道が比叡《ひえい》山《ざん》と日吉大社《ひよしたいしゃ》の関係から生まれていることがはっきりしているのに対して、両部神道はその具体的な担い手がはっきりしない。近年注目されているのは、神宮の御厨《みくりや》にあった仙宮院《せんぐういん》が一つの拠点となったのではないかという説である。仙宮院の名は初期の両部神道文献である『三角柏伝記《みすみのかしわでんき》』▲『中臣祓訓解《なかとみのはらいくんげ》』▲などにみえ、また『仙宮院秘文《ひぶん》』▲など、その名を冠した著作もある。

もう一つ考えられるのは、修験者のグループが関与していたのではないかということである。仙宮院自体が天台宗寺門《じもん》派▲の修験と深い関係があったと考えられている。以下にふれる『大和葛城宝山記《やまとかつらぎほうざんき》』▲(『宝山記』)は、葛城山▲の信仰と深く関係しており、葛城を伊勢と結びつけようというところに、その著作の動機があるものと思われる。葛城山は、もともと土着の神である一言主《ひとことぬし》神▲が勢力をふるっていたが、役小角《えんのおづぬ》▲によって屈服されたという。『宝山記』には、一言主神も役小角も重要な神としてあげられている。

▼**行基**　六六八〜七九四年。奈良時代の法相宗の僧。民間布教者としてさまざまな社会事業を進め、大仏建立の際には率先して協力した。

▼**空海**　七七四〜八三五年。日本真言宗の開祖。弘法大師《こうぼうだいし》。

▼**『麗気記』**　本文一四巻・図四巻。空海に仮託される両部神道の代表的作品。テキストは『神道大系』真言神道上など。『校註解説現代語訳麗気記』Ⅰは、その前半の訳注。七六ページ以下参照。

▼**『三角柏伝記』**　仙宮院の由来を記す。『両部神道集』(真福寺善本叢刊)所収。

▼**『中臣祓訓解』**　『中臣祓』(大祓詞)に対する両部神道的な註釈で、空海に仮託される。『神道大系』中臣祓註釈所収。『日本思想大系』中世神道論に注解あり。

山岳修験は、仏教のなかではもっとも密教と密接に関係している。それは、厳しい自然のなかでの修行で呪力を身につけるという理由もあるが、それと同時に自然をそのまま曼荼羅と見立てるという発想も大きく関係している。もともと山岳信仰は正統的な仏教の枠のなかでは捉え切れない土着的要素を多くもっており、蔵王権現《ざおうごんげん》のように、独特の神格を生み出している。神仏習合も比較的容易に受け入れ、一見荒唐《こうとう》無稽《むけい》にみえる理論を生み出す素地は十分にあった。しかも、山岳修験者は各地の山を回り歩いて修行するので、そこから各地の神々のネットワークをつくりだす役割を担うようにもなる。伊勢と葛城を結びつけるのも彼らならば十分可能である。具体的なところはまだ解明されていないところが大きいが、山岳修験と両部神道との関係は否定できないところであろう。

中世神話

『大和葛城宝山記』は行基の作と伝えられるが、実際には鎌倉時代の作と考えられる比較的短い作品である。中世の神道文献にしばしば引用されており、密

▼**『仙宮院秘文』**　円仁に仮託された両部神道書。『神道大系』伊《い》賀《が》・伊勢・志摩《しま》所収。

▼**寺門派**　園城寺《おんじょうじ》を拠点とする天台宗の一派。円珍を派祖とし、延暦寺《えんりゃくじ》による山門《さんもん》派と対立。

▼**『大和葛城宝山記』**　行基に仮託。十二世紀成立。『神道大系』大和《やまと》所収。『日本思想大系』中世神道論に注解あり。

▼**葛城山**　大和と河内《かわち》の国境にある霊山。

▼**一言主神**　葛城山に住み、吉事も凶事も一言で説き、怖《おそ》れられた。

▼**役小角**　役行者とも。奈良時代の山岳修験者で、のちに修験道の始祖とされる。

教系の神道のもっとも古いものとはいえないが、それでも比較的早い時期の作と考えられる。葛城山の縁起という形をとるが、実際には伊勢との関係を重視し、また、伊勢外宮の度会氏のあいだに伝えられており、伊勢系の神道と関係の深いことが知られる。本書はつぎのような神話で始まる。

聞くところによると、天地の成立は、水の気が変化して天地となったのだという。十方《じっぽう》の風が吹いて相互にぶつかりあって、大水を保持することができた。水上に神聖《かみ》が化生《けしょう》して、千の頭と二千の手足があった。常住慈《じょうじゅうじ》悲神王《ひしんおう》と名づけ、違細《いさい》という。この人神の臍《へそ》の中に、千の花弁の金色の妙《みょう》宝蓮華《ほうれんげ》が出た。その光は非常に明るく、万の月が一緒に照らすようであった。花の中に人神が結跏趺坐《けっかふざ》していた。この人神もまた無量の光明があり、梵天王《ぼんてんおう》という名であった。この梵天王の心(臓)から八人の子供が生まれ、八人の子供から天地人民が生まれた。これを天神《てんじん》といい、また、天帝の祖神と称する。

この話は実は仏典の『雑譬喩経《ぞうひゆきょう》』▲第三十一話に基づいていることが知られている(ただし、「常住慈悲神王」という名はみえない)。「違細」はヒンドゥー教の主神ヴ

▼**『雑譬喩経』**　同じ名前でいくつかの異本があるが、これは道略集の高麗《こうらい》大蔵経本にのみみえ、対応する宋元明本《そうげんみん》『衆経撰《しゅうきょうせん》雑譬喩経』にはみえない。なお、『大智度論』巻八にも同様の文章があり、最近の研究ではそちらが出典とされている。

ィシュヌ神▲のことであり、ヴィシュヌ神の臍からブラフマー神(梵天)が生まれたというのは、ヒンドゥー教の神話として有名なものである。のちの記述と較べあわせてみると、この「常住慈悲神王」は天御中主尊=止由気《とゆけ》(豊受)神であることが知られ、また、尸棄《しき》大梵天王▲であるともいわれている。ただし、そうなると、ヴィシュヌ=尸棄大梵天王となってしまって少しおかしいが、それはさておき、ここで興味深いのは、仏典によりながらも、仏教そのものではなく、そこに取り込まれたヒンドゥー教の世界創造神話に着目していることである。

神道が仏教から自立しようとしたとき、着目したのはヒンドゥー教であり道教であった。仏教という世界宗教と関係しながらも、そこに収斂しきれないアジアの土着宗教の共通性を、いち早く中世神道の形成者たちは感づいていたのである。仏教からみれば外道《げどう》▲にあたる宗教への着目が新しい創造の道を開いてくれる。それが中世神話と呼ばれるものであり、記紀《きき》神話とまったく異なった豊かな物語世界へと導いてくれる。しばしば予断をもってみられる閉鎖的なナショナリズムとは大きく異なり、日本中世の神道は広くアジアに通底する宗教基盤を開いてみせてくれる。しかし、一見荒唐無稽のようにみえることが多い

▼**ヴィシュヌ神**　シヴァ神とならぶヒンドゥー教の主神。世界の維持をつかさどる。

▼**尸棄大梵天王**　尸棄はシキンの音写。大梵天王の名。

▼**外道**　仏教からみた他の宗教の蔑称。

ため、従来長いあいだ無視されてきており、それが再評価されるようになったのはつい最近のことである。

それでは、なぜ仏教だけでは不足で、ヒンドゥー教の神話に着目されるにいたったのであろうか。最大の理由は、仏教の理論では外的世界の形成に関する説が弱いということであろう。仏教にも世界生成の理論がまったくないわけではなく、世界が成《じょう》・住《じゅう》・壊《え》・空《くう》の四劫《しこう》▲のサイクルで変化するという説が行われ、『雑譬喩経』の話もその成劫《じょうこう》の世界生成の話として採り入れられている。しかし、仏教においては、心の解明が第一と考えられ、そこから唯識説《ゆいしきせつ》▲なども展開したため、外的世界の生成発展の説は第二義的と考えられ、大きく発展することがなかった。それに対して、神道は創造神話を核として、神々からこの世界へと続いていくところに重点がおかれる。そこに仏教の理論では満足できず、ヒンドゥー教神話が着目されなければならない必然性があったのである。

ところで、この神話にはもう一つ見落としてならないところがある。『大和葛城宝山記』では、天照大神＝毘盧遮那《びるしゃな》(大日《だいにち》)如来《にょらい》とはいわれているものの、外宮の豊受大神とセットで両部の大日とすることはいわれていない。むしろ豊

▼**四劫**　世界は成立(成劫)、維持(住劫)、破壊(壊劫)、空無の状態(空劫)を繰り返すという。

▼**唯識説**　世界はわれわれの迷いの心が作り出したものだとする説。

受＝天御中主神は大梵天であり、その点では大日より劣るとも考えられる。しかし、宇宙の創造神話からすれば、豊受＝天御中主＝常住慈悲神王のほうがおおもとに位置することになる。その点では「天孫は天照大神を崇め、天照大神は則ち天御中主神を貴ぶ」といわれているように、豊受＝天御中主神のほうがより根源ともいえる。実際のちにみるように、両部神道の展開は、内宮・外宮の同等化から、さらにそれにとどまらず、外宮の豊受＝天御中主神の根源神化にまで進んでいくのであり、この神話もその一過程とみることができる。

ところで、このような中世神話はさまざまな形で語られ、中世特有の宗教文学の領域をつくりだす。『大和葛城宝山記』の場合、仏典の説をそのまま下敷きとして用いていたのに対し、もう少しオリジナルな話をあげてみよう。『沙石《しゃせき》集《しゅう》』▲といえば、無住《むじゅう》▲の編集した鎌倉後期の説話集として有名であるが、その巻一は神祇信仰にあてられており、無住にとって神祇信仰がいかに大きな意味をもっていたかが知られる。その冒頭の話は以下のようなものである。

さる弘長年間（一二六一〜六四）に大神宮に参詣しましたが、ある神官が語ったことには、「当社では、（仏法僧《ぶっぽうそう》の）三宝の御名を言わず、御殿近くには

▼『沙石集』　一〇巻。一二八三（弘安《こうあん》六）年成立。『日本古典文学全集』による。

▼無住　一二二六〜一三一二年。諱《いみな》は道暁《どうぎょう》。一円《いちえん》とも。律・禅・密教など広く学び、晩年は尾張《おわり》の長母寺《ちょうぼじ》（名古屋市東《ひがし》区）に住した。

僧でも参詣しないことは(以下の理由による)。昔この国がまだなかった頃、大海の底に大日の印文《いんもん》(真言)があったので、大神宮(天照大神)が鉾《ほこ》を下ろして探り出された。その鉾の滴《しずく》が露《つゆ》のようであったとき、第六天《だいろくてん》の魔王《まおう》が遠くから見て、『この滴が国となり、仏法が流布し、人々が生死を解脱《げだつ》する予兆がある』と考え、そうさせないようにと下ってきたとき、大神宮が魔王と会って、『私は三宝の名も言いません、身にも近づけません。早く天上にお帰りください』と、説得して仰《おつしゃ》ったので、(魔王は)帰った。そのお約束を違えまいと、僧などは御殿近くにも参詣せず、社殿では経を表立って持たず、三宝の名をも正しく言わない。仏をたちすくみ、経を染め紙、僧を髪長、堂をこりたきなどと言い、外には仏法と疎遠のようにして、内には三宝をお守りくださっていらっしゃる。それ故、我が国の仏法はまったく大神宮のご方便によるのである(以下略)」。

これは、神宮における神仏隔離を仏教側から意味づけたものである。神宮の神仏隔離は伝統のあるものであり、簡単にくずすことはできない。しかし、仏教側からも土着勢力を取り込むために神宮に食い込むことはなによりも有効で

▼『太平記』　南北朝の動乱期を描いた歴史文学。四〇巻。『日本古典文学大系』による。

あり、僧侶の参拝など積極的に宣伝につとめ、逆に神宮側としても大きな勢力をもつ仏教と連関をもつことは有利であった。こうして神宮の神仏隔離をそのままに維持しながら、両者の関係をうまく説明する必要がでてきた。それを説明するものとして考案されたのがこのような神話の形態である。

第六天の魔王は、欲界の最高位である第六天の他化自在天《たけじざいてん》の神々のことである。みずから快楽をつくりださずとも、他の衆生《しゅじょう》の快楽を自在に味わうことができるが、快楽に執着するので、人びとがその快楽を越えて悟りをえることを妨げようとする。そこで魔王と呼ばれる。仏は悟りをえる前に、眼前にあらわれた魔を退けたといわれるが(降魔《ごうま》)、そのときの魔も第六天の魔王であるという。中世にはしばしば仏法を妨げる悪役として魔王が登場する。ここでも魔王は悪役であるが、しかし、天照大神との契約によりその力が封じられる。

ところが、『太平記《たいへいき》』▲巻十六・日本朝敵事《ちょうてきのこと》では、天照大神の誓約により、魔王のほうも「未来永劫《えいごう》に、天照大神の子孫たる人をこの国の主としなさい。もし王の命令に背くものがいて、国を乱し、民を苦しめるならば、(私の)一〇万八〇〇〇の眷属《けんぞく》が朝夕に走り来たってその人を罰しその人の命を奪うだろう」

と誓うことになっている。天皇論を前提として、魔王が守護神に転じているのである。『宝山記』では、イザナギ・イザナミが大自在天に坐す第六天宮主とされている。このように第六天魔王の位置付けは必ずしも確定していないが、中世神話では魔王も神々とともに大活躍するのである。

根源を求めて

『宝山記』でも水が根源におかれていたが、『沙石集』の神話でも、天地創造の話こそないものの、やはり海＝水が根源におかれている。鉾の滴で国をつくるのは記紀ではイザナギ・イザナミであるが、ここではそれが天照大神の役割となり、それとともに、海の底の「大日の印文」が国生みの鍵を握ることになっている。ここには大日＝天照大神を根本におく密教系神道の発想が明確である。「すべては大海の底の大日の印文から興ったことで、内宮・外宮は両部の大日と申します。天盤戸《あめのいわと》は兜率天《とそつてん》▲です。高天原《たかまがはら》とも申します」ともいわれており、両部神道の立場が表明されている。

『沙石集』は本地垂迹の立場から、「まことに不生不滅の毘盧舎那（大日）が、

▼兜率天　欲界第四天。弥勒菩《みろくぼ》薩《さつ》が地上に生まれるまでここに待機している。

法身《ほうじん》の究極の悟りの境地から出てきて、愚かで顛倒《てんとう》した考えをもつ一切の衆生を助けようと垂迹された本意は、生死の流転《るてん》を止めて、常住の仏道に入らせようということである」といわれている。そのかぎりでは一般的な本地垂迹と変わらないが、大日は密教の、というよりも仏教のすべての仏を統括する根本の仏であるところに大きな特徴がある。それが皇祖神としての伊勢の特殊性と結びつく。もともと伊勢は十一面観音《じゅういちめんかんのん》の垂迹とする説もあり、『大和葛城宝山記』でも、常住慈悲神王の本地を「大慈大悲観世音《だいじだいひかんぜおん》」としており、必ずしも伊勢が大日とのみ結びつけられているわけではない。そもそも伊勢はたしかに皇祖神としての性格はもつものの、のちの国家神道がなしたように、日本の神社を体系化し、その頂点に伊勢神宮をおくという発想はなかった。しかし、根源的な仏である大日如来と結びつけられるなかで、日本という国家の中心としての特別の位置を主張していくようになる。

そして、もう一つ注目されるのは、両宮を両部の曼荼羅とみることは、単に外宮の格上げというだけではなかったことである。外宮の豊受大神を天御中主神と同一化することにより、そこから始まる神統譜の形成への関心をうながし、また同時に根源神へと向かう志向ともセットになっている。そもそも天御中主神は『古事記《こじき》』にはみえるものの、『書紀《しょき》』では本文でなく、一書にみえるだけで、それも名がみえるだけの抽象的な神である。その天御中主神を宇宙開闢《かいびゃく》の最初にあらわれた根源神として重視し、豊受神と同一視したのである。

　五部書の一つ『御鎮座本紀』(『宝基本記』の裏書にもあり)では、「天地がいまだ開けず、陰陽《いんよう》が分かれない以前を混沌と名づけ、万物の霊を虚空神と名づけ、また大元神《だいげんしん》ともいい、国常立神《くにのとこたち》であり、また倶生神《くしょう》である」と、天御中主神ではなく、国常立神を根源におく説が紹介されているが、そこでは天照大神については、「広大なる慈悲を起こして、自在神力で、種々の形を現わし、種々の心行に随い、方便利益《ほうべんりやく》を為す。表わすところを名づけて大日孁貴《おおひるめむち》といい、また天照太神という」といわれており、根源神の方便的な現象とみられている。

　宇宙開闢と根源神の誕生がいわれると、その後神々の系譜が形づくられる。『宝山記』では、天御中主神ののち、高皇産霊《たかみむすび》、伊弉諾《いざなぎ》・伊弉冊《いざなみ》、大日孁貴神(＝天照大神)と続き、必ずしも神統譜は完全ではない。のちには、『旧事本紀《くじほんぎ》』▲の影響下に、天神七代・地神五代の定型的な神統譜などが多く用いられ、さらに

▼**『旧事本紀』**　詳しくは『先代旧事本紀』。一〇巻。『国史大系』、『神道大系』先代旧事本紀などに所収。七七ページ参照。

皇祖神から天皇への系譜が注目されることになるが、初期にはその系譜は必ずしも重視されているわけではない。

神に関する思弁《しべん》は、仏教の理論を借りながらさまざまな形で展開する。たとえば、『中臣祓訓解』では、神を本覚《ほんがく》・不覚《ふかく》・始覚《しかく》の三等に分類する。本覚・不覚・始覚は『大乗起信論《だいじょうきしんろん》』▲にみえるもので、中世には本覚思想の流行にともない、広く用いられるようになったカテゴリーである。本覚神は伊勢大神であり、不覚神は出雲《いずも》▲の荒ぶる神であり、始覚神は石清水《いわしみず》▲や広田《ひろた》社▲である。始覚神が、仏教によって迷いから覚めて本覚の理に帰るのに対して、本覚神は「本来清浄の理性、常住不変の妙体」であると説明され、それを「大元尊神《だいげんそん》」と呼んでいる。「大元尊神」とにた形で「大元神」という呼称は、前記のように神道五部書の一つである『御鎮座本紀』にもみえる。神々の分類は中世にさまざまな形で行われ、たとえば、浄土真宗《しんしゅう》の立場から本地垂迹説を強く打ち出した『諸神本懐集《しょしんほんかいしゅう》』▲では、本地垂迹的な権社《ごんしゃ》と邪神である実社《じっしゃ》の二つに分けている。

ところで、神をまつるには、まつる人間の側の心のあり方が問われることになる。神道書で重視されるのは、清浄や正直の徳である。『宝基本記』には、

▼**『大乗起信論』**　仏教の論書。馬鳴《ばめい》の作と伝えるが、漢訳しかなく、その成立が疑われている。衆生の心を分析し、東アジアの仏教に大きな影響をあたえた。

▼**出雲**　出雲大社。島根県出雲市大社町《たいしゃ》。祭神は大国主大神《おおくにぬしのおおかみ》。伊勢に対する荒ぶる神を代表する。

▼**石清水**　石清水八幡宮。京都府八幡《やわた》市。宇佐八幡大神が勧請され、平安時代には八幡信仰の中心となった。

▼**広田社**　広田神社。兵庫県西《にしの》宮《みや》市。天照大神の荒魂をまつる。

▼**『諸神本懐集』**　存覚《ぞんかく》著。二巻。一三二四(元亨《げんこう》四)年成立。『日本思想大系』中世神道論所収。

「人は乃《すなわ》ち天下の神物なり。静謐《せいひつ》を掌《つかさど》るべし。心は乃ち神明の主たり。心神を傷《きずつく》ることなかれ」と、神をまつる人の心の重要性をいい、「神垂《しんすい》は祈禱《きとう》を先と為し、冥加《みょうが》は正直《しょうじき》を本と為す」と、「正直」であるべきことを重視する。また、『倭姫命世記』では、「左の物を右に移さず、右の物を左に移さずして、左を左にし、右を右にし」とか、「元を元にし、本を本にする」などと、人為を加えずに、神意のままに随うことを重視している。この文句は、のちの神道文献でしばしば引かれることになる。

ところで、心の問題は中世の本覚思想の中核に位置するものである。衆生のあるがままを認めるのが本覚思想である。『宝山記』では、終りの部分に「帰命したてまつる、妙法心の蓮台に常住する本覚心法身に。本来三心の徳を具足せる三十七尊は心城に住したまう」で始まるいわゆる『蓮華三昧経《れんげさんまいきょう》』▲の偈《げ》を引いている。要するに、金剛界成身会《じょうじんね》▲の三七尊は衆生の心の城のなかにすべて具わっているという意味で、本覚思想文献にしばしば引かれる代表的な文句である。また、『宝山記』には、「『一切衆生はその本性が清浄で、私はすでに神の子孫である、私はすでに仏の子である。一切の心あるものは、永遠の慈悲の心、至

▼**『蓮華三昧経』**　この偈をもとにして、日本で撰述されたと考えられる偽経。

▼**成身会**　金剛界曼荼羅のいちばん中心。大日如来を中心に三七尊を配する。

高の道に従順であることから起こる』と、このように信心して、頭を地につけて敬礼するならば、無二の心の本体にいたる」とあり、みずからを神の子孫、仏の子とみるべきことを説いている。これも本覚思想系の考え方であるが、みずからを神の子孫としてみるということは、天皇だけでなく、衆生すべてが神の系譜につながりうるということであり、天皇中心の神道論と一線を画する。

このように中世の神道論は多面的な可能性を秘めているのである。

④神道理論の体系化

両部神道と伊勢神道の体系化

中世の神道説は、鎌倉後期から南北朝《なんぼくちょう》期にかけて一気に体系化される。山《さん》王《のう》神道の『山家要略記《さんげようりゃくき》』『渓嵐拾葉集《けいらんしゅうようしゅう》』などもそうであるが、両部《りょうぶ》神道もまた『麗気記《れいきき》』などの大きな著作がまとめられる。その後、度会家行《わたらいいえゆき》▲・慈遍《じへん》・北畠親房《きたばたけちかふさ》などの思想家が引き続いてあらわれて総合的・体系的な著作を著わす。それらが一段落したのち、室町後期になって、中世神道の掉尾《とうび》をかざって吉田兼倶《よしだかねとも》が唯一《ゆいいつ》神道を打ち立てることになる。

両部神道を代表する総合的な作品は『麗気記』一四巻で、空海《くうかい》に仮託されるが、実際には鎌倉末期ごろの成立と考えられている。『麗気記』はそれを中心として関連する著作があり、いわば一連の『麗気記』群ともいうべき著作群を構成する。たとえば、『天地麗気府録《てんちれいきふろく》』▲(『府録』)一巻もそのような『麗気記』周辺の著作であるが、短編でありながら、体系的によくまとめられており、度会家行の『類聚《るいじゅう》神祇本源《じんぎほんげん》』▲にもしばしば引かれており、重視された両部神道の文献である。本

▼**度会家行**　一二五六～一三五六年。外宮禰宜《ねぎ》村松有行《むらまつありゆき》の子。度会神道の理論を大成するとともに、北畠親房らとも親しく、南朝方に協力した。

▼**『天地麗気府録』**　醍醐《だいご》天皇に仮託される。『神道大系』真言神道上所収。

▼**『類聚神祇本源』**　『神道大系』伊勢神道上所収。

書は、世界建立義・須弥山《しゅみせん》建立義・麗気元始・天神所化《しょけ》・天神七代次第・地神五代次第義・大梵天宮《だいぼんてんのみや》霊鏡大義の各項からなっている。世界の成立から神々へと非常に体系だっていることが知られよう。最後の項目は、伊勢《いせ》に神器《じんき》の鏡があることから、論じられているものである。世界開闢《かいびゃく》から天地の成立、そして根源神から天神、地神へと展開していくのは、こののちの伊勢神道系の体系においてもほぼ踏襲されていく。

ところで、『府録』の神々をみると、最初に天譲日《あめゆずるひ》天狭霧《あめのさぎり》地禅日《ちゆずるひ》（または「月《つき》」）地狭霧《ちのさぎり》という長い名の神がでてきて、この神が天御中主《あめのみなかぬし》神と同一視される。そして、その後、天神七代、地神五代へと続いていく。天譲日天狭霧地禅日地狭霧から始まり、天神七代、地神五代を立てるのは、実は記紀《きき》に根拠がなく、『先代旧事本紀《せんだいくじほんぎ》』（『旧事本紀』）にみえるところである。

『旧事本紀』は聖徳太子《しょうとくたいし》の作と伝えられるが、実際には平安時代に成立したと考えられる歴史書である。偽書であるため、近代の実証的歴史研究ではすっかり無視されてきたが、中世においては、記紀とならんで重要な聖典であり、慈遍に『旧事本紀玄義《くじほんぎげんぎ》』があり、吉田兼倶の『唯一神道名法要集』においても、記

●『古事記』の別天神五柱と神世七代(『神道事典』による)

別天神五柱《ことあまつかみいつはしら》
- 天之御中主神《あめのみなかぬしのかみ》
- 高御産巣日神《たかみむすひのかみ》
- 神産巣日神《かむむすひのかみ》
- 宇摩志阿志訶備比古遅神《うましあしかびひこぢのかみ》
- 天之常立神《あめのとこたちのかみ》

神世七代《かみよななよ》
- 国之常立神《くにのとこたちのかみ》
- 豊雲野神《とよくものかみ》
- 宇比地迩神《うひぢにのかみ》・須比智迩神《すひちにのかみ》(双神)
- 角杙神《つのくひのかみ》・活杙神《いくくひのかみ》(双神)
- 意富斗能地神《おほとのぢのかみ》・大斗乃弁神《おほとのべのかみ》(双神)
- 於母陀流神《おもだるのかみ》・阿夜訶志古泥神《あやかしこねのかみ》(双神)
- 伊耶那岐神《いざなきのかみ》＝伊耶那美神《いざなみのかみ》

紀とともに「三部の本書」とされ、それも記紀よりも先に名があげられている。本書に基づく天神七代、地神五代の説はこののちの中世の神統譜において定着することになる。また、『旧事本紀』には、十種神宝《とくさのかむだから》というのがでてくる。瀛《おき》都鏡《つ》・辺《へ》都鏡《つ》・八握《やつか》剣・生玉《いくたま》・死玉《しにたま》・足玉《たるたま》・道反玉《みちかえしたま》・蛇比礼《へびひれ》・蜂比礼《はちひれ》・品《くさぐさの》物比礼《もののひれ》であるが、これもまた、『麗気記』をはじめ、中世の神道説にしばしば取り上げられ、三種の神器との関係が問題にされたりする。本書が中世に重視された一つの理由は聖徳太子作という触込みが、仏教者によって受け入れやすかったということがあろう。また、記紀よりも体系化された神統譜が注目されたということもあるであろう。記紀がすべてでないところに、中世独自の神話のおもしろさがある。

外宮の度会氏による神道理論は、度会行忠をへて、度会家行によって集大成される。家行の『類聚神祇本源』(一三二〇年)は一五編におよぶ総合的な著述であるが、その大部分は仏教書、中国古典、日本の史書・神道書の抜粋からなり、それらを総合したうえにみずからの説を打ち立てようとしている。家行自身の説は、同書の最後におさめられた「神道玄義篇」に問答体で説かれ、また、『類

●『日本書紀』（本書）の神世七代（『神道事典』による）

- 国常立尊《くにのとこたちのみこと》
- 国狭槌尊《くにのさつちのみこと》
- 豊斟渟尊《とよくむぬのみこと》
  - 乾道独化
- 泥土煑尊《うひぢにのみこと》（亦曰、泥土根尊《うひぢねのみこと》）
- 沙土煑尊《すひぢにのみこと》（沙土根尊《すひぢねのみこと》）
- 大戸之道尊《おほとのぢのみこと》（一云、大戸之辺《おほとのべ》）
- 大苫辺尊《おほとまべのみこと》（亦曰、大戸摩彦尊《おほとまひこのみこと》・大戸摩姫尊《おほとまひめのみこと》 亦曰、大富道尊《おほとまぢのみこと》、大富辺尊《おほとまべのみこと》）
- 面足尊《おもだるのみこと》
- 惶根尊《かしこねのみこと》（亦曰、吾屋惶根尊《あやかしこねのみこと》。亦曰、忌橿城尊《いむかしきのみこと》 亦曰、青橿城根尊《あをかしきねのみこと》。亦曰、吾屋橿城尊《あやかしきのみこと》）
- 伊弉諾尊《いざなぎのみこと》
- ＝
- 伊弉冉尊《いざなみのみこと》

●天神七代図（『豊葦原神風和記』の諸本を照合して作成）

国常立尊《くにのとこたちのみこと》①

- 沫蕩尊《あわなぎのみこと》 面足異名
- 天万尊《あめのよろづのみこと》
- 天鏡尊《あめのかがみのみこと》
- 国狭槌尊《くにのさつちのみこと》 火②
- 豊斟渟尊《とよくむぬのみこと》 火③
- 已上三代ハ独化神トシテ男神ニテ女神ナシ
- 泥土煑尊《うひぢにのみこと》・沙土煑尊《すひぢにのみこと》 木④
- 大戸道尊《おほとのぢのみこと》・大戸辺尊《おほとのべのみこと》 金⑤
- 面足尊《おもだるのみこと》・惶根尊《かしこねのみこと》 土⑥
- 伊弉諾尊《いざなぎのみこと》・伊弉冉尊《いざなみのみこと》 五⑦
- 已上天神七代ハ皇帝ノ祖神
- 其数十一柱也

亦名曰㆓天御中主命《あめのみなかぬしのみこと》㆒①

- 津速産霊命《つはやむすびのみこと》 人臣祖神
- 神皇産霊尊《かんみむすびのみこと》 神主祖神
- 高皇産霊尊《たかみむすびのみこと》
- 天八下霊命《あめのやしたたまのみこと》 地②
- 天三下霊命《あめのみしたたまのみこと》 水③
- 五行ノ次第帝祖ニハカハリタリ
- 可㆑見㆑合㆑之
- 天合霊命《あめあいのみたまのみこと》 火④
- 天八百日霊命《あめやそひのみたまのみこと》 風⑤
- 天八十万霊命《あめやそよみたまのみこと》 空⑥
- 津速産霊命《つはやむすびのみこと》 五⑦
- 已上七代ハ人臣ノ祖神
- 皆是独化神也

聚神祇本源』を要約した『神道簡要《しんとうかんよう》』▲も参考になる。

『類聚神祇本源』で注目されるのは、引用の文献に独自の分類をほどこしているところである。「天地開闢篇」をみると、漢家《かんけ》と本朝《ほんちょう》に分け、本朝をまた官《かん》家《け》・社家《しゃけ》・釈家《しゃくけ》に分けている。漢家では、従来の正統的な儒家の文献として『易《えき》』を引くのは当然として、ほかには主として老荘系《ろうそうけい》や河図洛書《かとらくしょ》▲、『五行大義《ごぎょうたいぎ》』▲など、やや周縁的な文献を渉猟《しょうりょう》していることであり、また宋学《そうがく》に属する周敦《しゅうとん》頤《い》▲の太極図▲に注目していることも特筆される。正統的な儒家説では天地開闢の問題は必ずしも重視されない。それゆえ、どうしても陰陽《いんよう》五行説など、いわば周縁的な文献に向かうことになる。しかし、宋学が宇宙論的な視座を取り入れることによって、一方で従来の儒家の単なる世俗的な道徳説から脱却し、他方で仏教の唯心論的な発想を克服することをめざしたことを考えると、日本の神道説もまた同じような動向のなかで動いていたことが知られる。

本朝としては、官家として『日本書紀《にほんしょき》』や『旧事本紀』がはいるのは当然としても、『神皇実録《じんのうじつろく》』▲などの伊勢神道書や両部神道系の『天地麗記府録』までこの範《はん》疇《ちゅう》にいれられている。当時の分類の範疇が必ずしも今日と同じでなかったこと

▼**『神道簡要』**　諸書を抜粋しながら、諸神と伊勢の信仰について述べる。『神道大系』伊勢神道上所収。

▼**河図洛書**　いずれも中国古代の伝説で、河図は黄河《こうが》からでた竜馬の背にあった図、洛書は洛水からでた神亀の背にあった図という。

▼**『五行大義』**　隋《ずい》・蕭吉《しゅうきつ》著。中国では散逸したが、日本に現存する。

▼**周敦頤**　一〇一七〜七三年。号は濂渓《れんけい》。宋学の祖とされる。

▼**太極図**　太極から万物が生成するさまを図示したもの。周敦頤の工夫になる。

▼**『神皇実録』**　『新撰姓氏録』の別録と称するが、鎌倉時代の作。諸神の生成を説く。

●十種神宝図（慈遍『古語類要集』による）

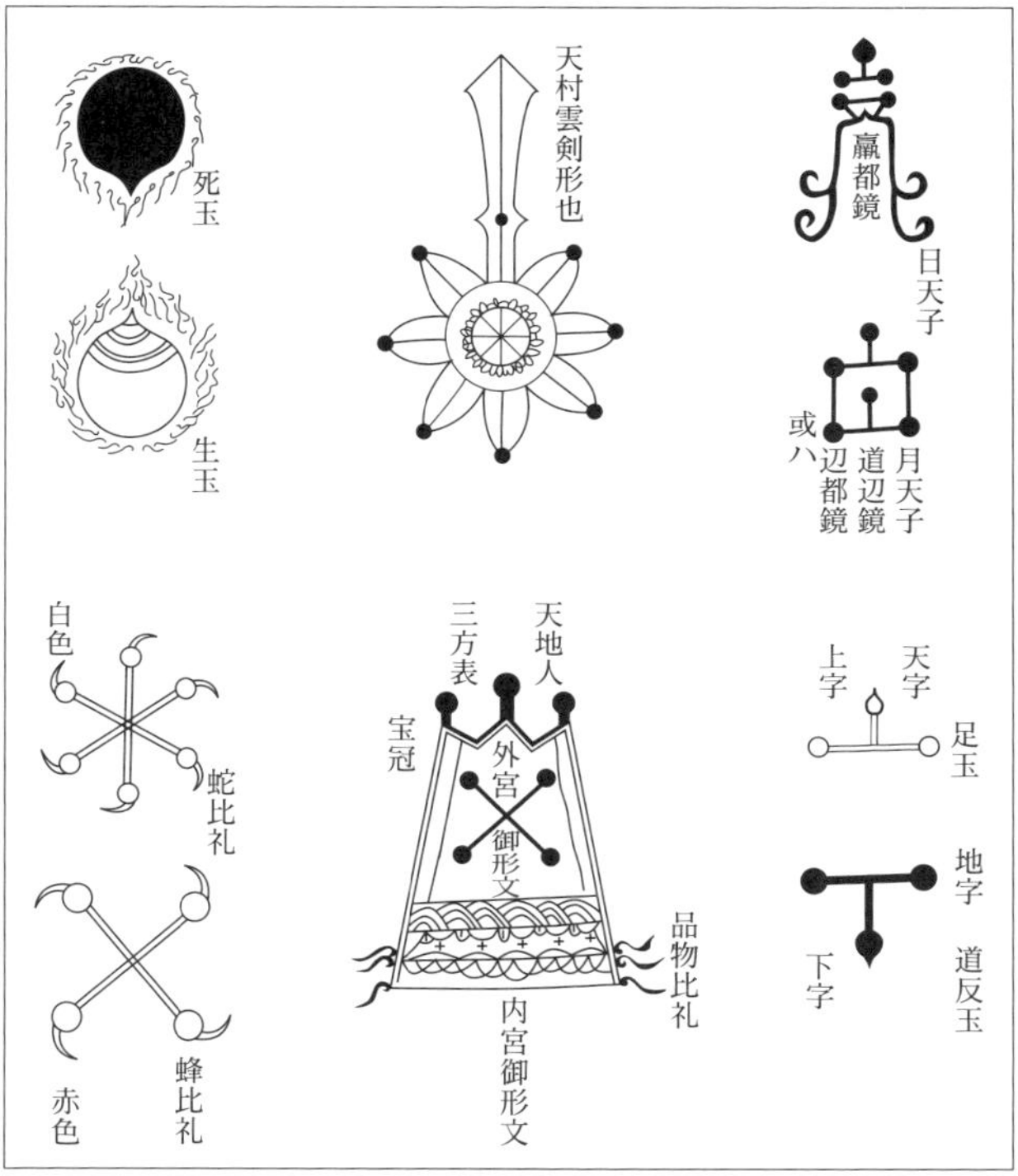

●三種神体図（『麗気記』による）

に注意しなければならない。

ところで、「神道玄義篇」にみられるその神道説では、「志す所は、機前《きぜん》を以て法と為し、行う所は清浄を以て先と為す」といわれる機前説がもっともその肝要であるとされる。すなわち、当時の神道書が天地開闢を根源とするのに対して、さらに開闢以前の根源にさかのぼって、それを「機前」と名づけたのである。「機前」の語は禅籍にもでているが、それを心の問題から転換し、宇宙的な根源に立てたところに神道説の新しい展開がみられる。

そして、その機前をいかす実践として清浄を重んずるのである。清浄とは、つまるところ「元の元を明らかにし、本の心に任せる」ことであり、機後の世界において、機前の純粋を保つことといってよい。さらに家行は仏教の理論を応用しながら、「有相《うそう》」（現象）と「無相《むそう》」（現象を越えること）の区別を立てるなどの合理化をはかり、思想としての深化をめざしている。このような動向は、さらに慈遍らによってより進められることになる。

神話から歴史へ――北畠親房

伊勢は皇祖神ということを特権としていたが、しかし、少なくとも表面は政治との関わりはもたず、あくまで宗教の次元に限定されていた。また、その神話をとおして、中国やインドにまで視野を広げながら、必ずしもそうした巨大文化に対する対抗的なナショナリズムへと展開する動向もそれほど大きくなかった。ところが、文永《ぶんえい》・弘安《こうあん》のモンゴル来襲▲時以来、急激にナショナリズムが高まり、そのことは当然ながら神道思想に反映することになった。また、後醍《ごだい》醐《ご》天皇▲による建武《けんむ》の中興《ちゅうこう》から南北朝の抗争は、従来背後に隠れていた天皇論を正面にだすことになった。

神道ナショナリズムは、仏教などに対する神道の優位を主張することであり、また、天皇論は天皇の正統性を神代からの継続性に求め、神話の世界は歴史に継承されていく。このような課題を歴史書というスタイルに展開することで果たしたのが北畠親房▲であり、また神道理論として深めたのが慈遍であった。親房と慈遍は、家行による伊勢神道の大成を受けながら、それをあらたに国家論、政治論を含めたより大きなスケールの理論に展開させたところに画期的な転換

▼**文永・弘安のモンゴル来襲**　文永・弘安の役。一二七四(文永十一)年と八一(弘安四)年。

▼**後醍醐天皇**　一二八八〜一三三九年。後宇多《ごうだ》天皇の第二皇子。政治的にだけでなく、宗教的にもきわめて特異な天皇で、それが親房や慈遍による天皇論を含む神道論の形成をうながしたと考えられる。

▼**北畠親房**　一二九三〜一三五四年。著作として、ほかに『二十一社記』などがある。

がある。

親房は南朝の忠臣として戦前あまりにもてはやされたため、そのイメージが固定し、かえって戦後、思想家としての正統的な評価をあたえられないままにすぎてきた。しかし、一方では村上源氏《むらかみげんじ》の庶流の公卿《くぎょう》として有職故実《ゆうそくこじつ》に詳しく『職原抄《しょくげんしょう》』▲の著者であり、出家して密教《みっきょう》を身につけ、そのうえに伊勢神道を学んだ当時最高の知識人で、その学識の幅はきわめて広く、それを体系化する力をもった思想家であった。

神道書として主著である『元元集《げんげんしゅう》』▲は、『類聚神祇本源』などを踏まえながら、それを発展させたものである。その特徴は、家行が体系化した伊勢神道を基にして、それを天皇の系譜にまでつないでいるところにある。神皇紹運《じんのうしょううん》篇では、神々の系譜を図示しており、その点では、家行の『神道簡要』や慈遍の『神皇略《じんのうりゃく》文図《もんず》』▲にも同じようなものがある。しかし、親房はそこで、「皇孫降臨して以来、紹運已《すで》に九十余代、継体五十余世、積年一百七十九万四千五百余歳なり」と、皇孫降臨後の皇位の継承をたたえ、神々の系譜を天皇につなぎ当代にまでいたっている。また、神器伝授篇では、「凡《およ》そ我が国の諸方に殊《こと》なる所以《ゆえん》は神国を

▼**『職原抄』** 二巻。一三四〇(暦応《れきおう》三)年成立。朝廷官制を中心とした有職故実を記したもの。

▼**『元元集』** 八巻。一三三七～七八(建武《けんむ》四～永和《えいわ》四)年の成立。『神道大系』北畠親房上所収。

▼**『神皇略文図』** 一巻。一三三二(弘仁二・正慶元)年成立。天神七代・地神五代の系譜を図表化したもの。

以てなり。神国の霊異ある所以は宝器あるを以てなり」と、三種の神器の伝授に神国たるゆえんをみている。この問題はさらに神国要道論で展開されている。このように、『元元集』は『類聚神祇本源』などの伊勢神道の理論に基づきながら、それを天皇の継承にまで延長し、神国としての日本の優越論にいたっているところに特徴がある。

このような観点を歴史書という形で実現したのが『神皇正統記《じんのうしょうとうき》』であった。『神皇正統記』は、「大日本国は神国なり」という有名な文句で始まる。さきに述べたように、神国説はもともとは必ずしも日本の優位を説くものではなかった。釈迦の救済から遠い小国であるからこそ、仏はその土地の神としてあらわれ人びとを救済するのである。しかし、本書の神国説は完全にそれと異なり、日本の優越を示す神国思想である。このような神国思想の展開は、文永・弘安のモンゴルの来襲をきっかけに高まるが、親房の神国論は、「天祖はじめて基《もとい》をひらき、日神ながく統《とう》を伝え給う」といわれるように、その系譜の一貫性に根拠が求められる。

このことを逆にいえば、系譜の一貫性以外にわが国の優越を示す根拠はないということである。天地開闢と王統の発生について、天竺《てんじく》・震旦《しんたん》の説をあげながら、天竺の王は仏典によると一種の社会契約説によって推挙され、震旦では力があれば民間からでても王になれるとして、わが国のみが「天地ひらかれし初めより今の世の今日に至るまで、日嗣をうけ給うことよこしまならず」と誇るのである。本書が歴史書という形態をとらなければならなかったのも、このような必然性による。神代は神代で終らず、歴史のなかに流れ込まなければならない。神話だけで完結せずに、神話が歴史に継続するところに日本の優越性があるのである。神話から歴史への継続ということは、すでに記紀にみられたものであるが、それを自覚的な思想としてとらえなおしたところに親房の独自性があった。

しかし、そのことは安易に自動的に皇位の継承がなされるということではない。三種の神器の継承という形式は、その内実として正直《しょうじき》・慈悲《じひ》・智恵、とりわけ正直を第一とする徳を要求する。世界に誇る系譜の一貫性を保つのならば、その末に連なる天皇はそれにふさわしい有徳者でなければならず、臣下《しんか》は「忠をいたし命をすつる」のでなければならない。『神皇正統記』の歴史論は、こうして君臣《くんしん》の厳しい倫理に終結するのである。

親房はまた、仏教に関しても従来の神仏論に対して新たな視点を示す。「国の主ともなり、輔政の人ともなりなば、諸教をすてず、機をもらさずして得益のひろからむことを思い給うべきなり」と、政治の立場から「仏教にかぎらず、儒・道の二教乃至もろもろの道」を用いることを説くのである。

神道を政治へとつなげる『神皇正統記』の独特の思想は、明治以後の国家神道イデオロギーのなかで、とりわけ南朝正統説と結びついて俗流化し、幅を利かせることになる。しかし、神道を天皇論と結びつけること自体、後醍醐親政から南北朝へという時代のなかで生まれた親房と慈遍▲のきわめて特徴的な思想であり、必ずしもそれが一般化するわけではない。時代の神道論の展開のなかで、改めて位置づけなおすことが不可欠である。

神道の優位——慈遍

慈遍の名は、親房ほど一般的でなく、中世神道論のなかで必ずしも重視されてきたとはいえない。しかし、親房が歴史へと展開したのに対して、同じよう

▼**慈遍**　生没年不明。その著作は、『神道大系』天台神道上におさめる。

に伊勢神道をもとにしながら、あくまで神道理論の枠のなかで仏教を乗り越えるものとして神道を位置づけ、また天皇論に結びつけた思想家として、きわめて注目される存在である。

慈遍は卜部《うらべ》（吉田）兼顕《かねあき》の子で、『徒然草《つれづれぐさ》』で有名な吉田兼好《けんこう》の兄弟である。出家して比叡山《ひえいざん》で天台《てんだい》教学をおさめたが、のちに神道に関心を深めた。後醍醐天皇に従い、南朝につくしたとされるが、足利尊氏《あしかがたかうじ》・義詮《よしあきら》とも関係があったといわれる。『旧事本紀』に基づく著作『旧事本紀玄義』（一三三二年）は一部分のみ現存し、また、『豊葦原神風和記《とよあしはらじんぷうわき》』（一三四〇年。『神風和記』）は新待賢門院《しんたいけんもんいん》に献ぜられた神道の入門書である。これらは伊勢神道系の著作であるが、『天地神祇審鎮要記《てんちじんぎしんちんようき》』（一三三三年）のように山王神道の著作もある。

慈遍は僧であるから、神仏関係に詳しい。『神風和記』の「仏神同異事」によると、「仏神の悟りの境地は同一であるが、教化の仕方は各別である。いわゆる神道は一法未だ起らざる所を守って、起る心のよろずの物をば皆穢悪《えあく》であるとして忌避する。仏法は二途が既に別れて後、諸の迷いがあり、この迷いをおさえて実相であると教える」と、神道と仏法の違いを明白にしている。別のいい方をすると、「神は必ず本を守りて末を忌みたまう……仏は亦《また》末を導いて本を示したまう」ということになる。これは神仏の役割分担としてきわめて注目される。世界が未展開の根源に立場をおくのが神道で、それが展開したこの現象世界において救済を示すのが仏教である。神のほうが根源にかかわるのであり、このことはすでに山王神道系では『渓嵐拾葉集』にみえ、また、直接には家行の機前説の発展と考えられる。

この発展上に『旧事本紀玄義』巻五の根葉果実《こんようかじつ》説がみられる。すなわち、「本は神国にあり、唐は枝葉を掌り、梵は菓実を得。花落ちて根に帰り、菓は流れを受くるを謂《い》う」といわれている。わが国の神にこそ根本があり、中国やインドの宗教は、それが展開した花や果実だというのである。そこから慈遍は、「神宣は西天の仏を指して以て応迹《おうしゃく》と為す」と、仏のほうを神の垂迹とみる反本地垂迹説にまで展開している。この根葉果実説はのちに吉田兼倶の『唯一神道名法要集』に取り入れられて有名になるが、その原型は慈遍にみられるものであり、神道の根源性・優越性を示す大きな論拠とされる。

ただし、慈遍は他方でまた、日本が根であることを、「春の草木のいまだ成就を得ざるに似たり」として、まだ根だけで十分に展開されていないものとみている。そこに神道だけがすべてでなく、仏教や儒教の教化が必要になるのである。中世においては、親房においても、またのちの吉田兼倶においても、仏教の全面否定ということは考えられていない。ただ、山王神道や両部神道のように、神道を仏教によって理論づけるということがなくなり、また、神道の優越さえも主張するようになるところに、親房・慈遍から兼倶につながる中世中・後期の新しい神道理論の特徴がみられるのである。その点に着目すれば、たしかに神道の仏教からの自立という課題に向けて大きく進展しているということができる。

さて、「一法未だ起らざる」この根源から天地が開け、神々が生まれる。慈遍は『旧事本紀』に基づき、天神七代、地神五代説をとるが、注目される点として、皇帝の祖神と人臣の祖神を分け、したがって天皇と人臣の別を祖神にさかのぼることによって系譜的に確定しようとしたことがあげられる。すなわち、天《あめ》譲《ゆずる》日天狭霧《ひあめのさぎり》国禅《くにゆずる》月国狭霧尊《つきくにのさぎりのみこと》ののち、天神七代にはいるが、国常立尊《くにのとこたちのみこと》の系譜は皇帝の祖神となり、それに対して天御中主尊の系譜は、高皇産霊命《たかみむすびのみこと》は皇祖神の流れに合体するが、津速産霊命《つはやむすびのみこと》の流れは、中臣《なかとみ》氏などの人臣の祖となっていく。こうして祖神の段階で、天皇と人臣は明確に分けられる。君臣はそもそも祖神以来交わることなくそれぞれの系譜に連なるのである。この絶対的な系譜的区別を立てるところに慈遍の天皇論の特徴がある。

では、慈遍にとって天皇とはどのような存在であったのか。皇祖とは、「天の意なくして千草を潤し、地の思なくして万物を保つ」のであり、すなわち、すべて意図的な動作を離れて自然のままに教化し、徳をほどこす存在である。人為を離れて自然のままを重んじるのは、中世神道の倫理説として共通するものであるが、それが天皇の徳として提示されたところに慈遍の特徴がある。天皇は、他の誰にもかえがたい「一人」であり、それゆえにこそ「少しも他を忘れて、私を顧みれば、更に一人に非ず、是皆民の心なるべし」という厳しい倫理が課せられるのである。

神道の統合——吉田兼倶

吉田兼倶▲は、きわめて毀誉褒貶《きよほうへん》の著しい人物である。応仁《おうにん》の乱《らん》前後の混乱期

▼吉田兼倶　一四三五～一五一一年。その著作は、『神道大系』卜部神道上所収。

●吉田神社大元宮

▼吉田山　吉田神社。京都市左《さ》京《きょう》区。もともと藤原山蔭《ふじわらのやまかげ》が氏神《うじがみ》として春日《かすが》四座をまつったものであるが、卜部氏が相伝し、兼倶が唯一神道を開いてからは、その本拠地となった。

にあらわれ、全神道界を統合してその頂点に立とうとした野心家であり、そのためにみずからさまざまな偽書を創作したり、伊勢神宮の神器が吉田の斎場《さいじょう》所《しょ》に降臨したと称するなど、策略やデマを最大限活用して勢力を伸ばした。時代にふさわしい神道界の風雲児であった。

　吉田家はもともと卜部家に由来し、亀卜《きぼく》をもって朝廷に仕える家柄であり、古典・故実《こじつ》に詳しかった。その背景のもとに兼倶は独自の神道説を主張し、唯一神道、あるいは元本宗源《げんぽうそうげん》神道と名乗った。応仁の乱の混乱期に勢力を伸ばし、一四八四(文明《ぶんめい》十六)年には京都の吉田山▲に大元宮《だいげんぐう》斎場所を建立した。これは、八角の独特の建物である大元宮を中心に、その周囲に伊勢神宮をはじめとする日本中のすべての神社を配置して、神道界の統合支配を象徴させたものである。

　兼倶はまた、みずからの神道説を『唯一神道名法要集』にまとめ、理論面での確立をはかった。本書で兼倶は、まず神道を本迹縁起《ほんじゃくえんぎ》神道・両部習合《りょうぶしゅうごう》神道・元本宗源神道の三つに分ける。いうまでもなく、みずからの立場は元本宗源神道である。それはどのようなものであるかというと、元は陰陽不測《いんようふそく》の元元、本は一念不生《いちねんふしょう》の本本、宗は一気未分《いっきみぶん》の元神、源は和光同塵《わこうどうじん》の神化であるという。さらに、その元本宗源神道＝唯一神道に顕露《けんろ》と隠幽《いんゆう》を立てるなど、注目すべき説が展開されるが、いまは立ち入らず、二点のみ指摘しておきたい。

第一に、慈遍のところでふれた根葉果実説がここで完全な定式化をみる。それは聖徳太子の密奏としてみえるもので、「我が日本は種子を生じ、震旦は枝葉に現わし、天竺は花実を開く」というものである。神道が仏教・儒教《じゅきょう》に優越する根本であることをもっとも的確にあらわすものとして、その後長く喧伝されるにいたる。

第二に、唯一神道の系譜として、国常立尊から天照大神、そして天児屋《あめのこやね》命《みこと》につながり、そこから代々受け継いで卜部氏に伝わり、兼倶にいたるとする。その系譜では、歴代の天皇もまた法を伝えられているとするが、あくまで正系は卜部＝吉田の嫡流である。親房・慈遍で神道の中心に位置づけられた天皇論はもはやここでは影を潜める。親房・慈遍のあとでも、天皇論は必ずしも神道に必然的に結びついたものではなかったのである。この点は今後十分に検討に値する問題である。

兼倶は独自の祭儀をさまざまに工夫するとともに、神位・神号の授与権や、祠官《しかん》の補任権を独占し、実際に全国の神社界を支配することになる。そして、そのことは兼倶以後、吉田家に継承され、のちに勢力が弱まっても、江戸時代の終りまでその権利は引き継がれるのである。こうして中世神道は兼倶によって、その自由な展開に終止符が打たれ、さまざまな問題は近世神道に引き継がれていくことになる。

近世以来のあらたな神道説の形成のなかで批判され、忘れ去られた中世神道の多様な展開をわれわれは駆け足で展望してみた。はなはだ不十分ではあるが、そこに近世以来の思想の合理化のなかで埋没してしまった奔放な想像力と自由な発想の一端がいかに羽ばたいているか、いささかなりとも伝えられたであろうか。しかし、冒頭にも記したように、その研究はまだ緒についたばかりであり、今後に待つところがあまりに大きい。

山本ひろ子『中世神話』岩波新書, 1998年
義江彰夫『神仏習合』岩波新書, 1996年
Teeuwen, M: *Watarai Shinto,* Leiden, 1996.
Teeuwen, M. & Rambelli, F. (ed.): *Buddhas and Kami in Japan,* London, 2003.

参考文献増補

伊藤聡『中世天照大神信仰の研究』法蔵館, 2011年
伊藤聡『神道とは何か ── 神と仏の日本史』中公新書, 2012年
伊藤聡『中世の神道 ── 伊勢神宮・吉田神道・中世日本紀』中公選書, 2020年
井上寛司『「神道」の虚像と実像』講談社現代新書, 2011年
小川豊生『中世日本の神話・文字・身体』森話社, 2014年
斎藤英喜『荒ぶるスサノヲ、七変化』吉川弘文館, 2012年
佐藤弘夫『神国日本』講談社学術文庫, 2018年
末木文美士『日本宗教史』岩波新書, 2006年
『真福寺善本叢刊』第２期８・９, 第３期１−４, 臨川書店, 2004-05, 2019-21年

●──写真所蔵・提供者一覧(敬称略, 五十音順)

三仏寺・奈良国立博物館　　p. 23下
神宮司庁　　p. 53上
神宮徴古館農業館　　扉
東京大学文学部宗教学研究室・東京大学附属図書館　　カバー裏
東大寺・飛鳥園　　p. 21
東大寺・奈良国立博物館　　p. 23上
奈良国立博物館　　カバー表, p. 30
(財)根津美術館　　p. 31下
日吉大社・寿福滋(撮影)　　p. 27上
日吉大社・桑原英文(撮影)　　p. 28, p. 48上
(財)大和文華館・城野誠治(撮影)　　p. 31上
吉田神社・小平忠生(撮影)　　p. 93

佐藤弘夫『神・仏・王権の中世』法蔵館, 1998年
佐藤弘夫『アマテラスの変貌』法蔵館, 2000年
佐藤弘夫『偽書の精神史』講談社, 2002年
白山芳太郎『北畠親房の研究』ぺりかん社, 1991年
末木文美士『日本仏教史』新潮社, 1992年(文庫版1996年)
末木文美士『日本仏教思想史論考』大蔵出版, 1993年
菅原信海『山王神道の研究』春秋社, 1992年
菅原信海編『神仏習合思想の展開』汲古書院, 1996年
菅原信海『日本人の神と仏』法蔵館, 2001年
高橋美由紀『伊勢神道の成立と展開』大明堂, 1994年
玉懸博之『日本中世思想史研究』ぺりかん社, 1998年
高取正男『神道の成立』平凡社, 1979年
田中貴子『外法と愛法の中世』砂子屋書房, 1993年
田邉三郎助編『神仏習合と修験』(図説日本の仏教 6), 新潮社, 1989年
辻善之助『日本仏教史之研究』金港堂書籍, 1919〜31年(岩波書店より『日本仏教史研究』として復刊1983・84年)
逵日出典『神仏習合』六興出版, 1961年
津田左右吉『日本の神道』岩波書店, 1949年
出村勝明『吉田神道の基礎的研究』臨川書店, 1997年
N・ナウマン『哭きいさちる神 スサノオ』言叢社, 1989年
中村生雄『日本の神と王権』法蔵館, 1994年
西田長男『日本神道史研究』10巻, 講談社, 1978・79年
日本仏教学会編『仏教と神祇』平楽寺書店, 1987年
平田俊春『元元集の研究』山一書房, 1944年
平田俊春『神皇正統記の基礎的研究』雄山閣出版, 1979年
細川涼一『逸脱の日本中世』JICC 出版局, 1993年
三崎良周『密教と神祇思想』風間書房, 1992年
三橋正『平安時代の信仰と宗教儀礼』続群書類従完成会, 2000年
村山修一『神仏習合思潮』平楽寺書店, 1967年
村山修一『本地垂迹』吉川弘文館, 1974年
村山修一『習合思想史論考』塙書房, 1987年
牟禮仁『中世神道説形成論考』皇學館大学出版部, 2000年
山本ひろ子『変成譜 ── 中世神仏習合の世界』春秋社, 1993年
山本ひろ子『異神』平凡社, 1998年

鑑賞』775号に，佐藤眞人「中世神道研究の動向と展望」，門屋温・伊藤聡「中世神道参考文献目録」があり，もっとも基準となる。より新しい研究史として，伊藤聡「戦後の中世神道研究について」（『神道宗教』167，1997年），同「神仏習合」（日本仏教研究会編『日本仏教の研究法』法蔵館，2000年）がある。また，下記の*Buddhas and Kami in Japan* の Bibliography は，欧文の文献をも含む点で便利。

最新の成果を含む概説書

伊藤聡・遠藤潤・松尾恒一・森瑞枝『神道』（日本史小百科），東京堂出版，2002年

最新の中世神道研究に基づき，従来の神道像を一変させた画期的な概説書。読む辞典的な性格のため，必ずしも通読に適さないが，神道研究の今日の到達点であり，今後の出発点をなす。本書執筆にあたっても，同書第７章・中世神道説をもっとも参考とした。

『国文学解釈と鑑賞』775号・神々の変貌，至文堂，1995年

先にあげた研究史や文献目録も含め，今日の研究の最先端をうかがうのに便利。

逵日出典編『日本の宗教文化』下，高文堂出版社，2002年

佐藤眞人「神道思想の形成と展開」を含む。

主要研究書（単行本に限る）

阿蘇谷正彦『神道思想の形成』ぺりかん社，1985年

今堀太逸『神祇信仰の展開と仏教』吉川弘文館，1990年

上山春平他編『日本思想２』（岩波講座東洋思想16）岩波書店，1989年

大山公淳『神仏交渉史』高野山大学，1944年

岡田莊司『平安時代の国家と祭祀』続群書類従完成会，1994年

景山春樹『神像』法政大学出版局，1973年

鎌田純一『中世伊勢神道の研究』続群書類従完成会，1998年

鎌田東二『神と仏の精神史』春秋社，2000年

鎌田東二『神道とは何か』PHP 新書，2000年

櫛田良洪『真言密教成立過程の研究』山喜房仏書林，1964年

久保田収『中世神道の研究』神道史学会，1959年

久保田収『神道史の研究』皇學館大学出版部，1973年

黒田俊雄『日本中世の国家と宗教』岩波書店，1975年

黒田俊雄『日本中世の社会と宗教』岩波書店，1990年

小山悳子『日本人の見出した元神』ぺりかん社，1988年

●—参考文献

テキスト

『神道大系』120冊, 神道大系編纂会, 1977〜94年

もちろん『群書類従』『国史大系』など, 基本的な叢書のなかにも主要テキストが収められており, また,『度会神道大成』『天台宗全書』『弘法大師全集』『大正新脩大蔵経』などにもそれぞれの分野のテキストを収めるが,『神道大系』は最新の校訂と文献の網羅性, ならびに文献の解題を含む点において便利。本書と関係するものとしては, 日吉, 伊賀・伊勢・志摩, 大和, 天台神道, 真言神道, 伊勢神道, 北畠親房, 卜部神道, 中臣祓註釈などの巻がある。

『両部神道集』(真福寺善本叢刊 6), 臨川書店, 1999年

真福寺所蔵の写本15種を収める。

『続天台宗全書』神道1, 春秋社, 1999年

『山家要略記』9 巻本を収める。

訳注

石田一良編『神道思想集』(日本の思想14), 筑摩書房, 1970年

『耀天記』の訳注を収める。

大隅和雄校註『中世神道論』(日本思想大系19), 岩波書店, 1977年

『倭姫命世記』など, 主要なテキストをはじめて注付きで提供した先駆的業績。

神仏習合研究会編著『校註解説現代語訳麗気記』I, 法蔵館, 2001年

本文校訂・訓読・現代語訳に詳細な訳注を加えた労作。前半のみ。

辞典

宮地直一・佐伯有義監修『神道大辞典』(初版) 3 巻, 平凡社, 1937年,(縮刷版)臨川書店, 1986年

戦前のもっとも定評ある神道辞典。しかし, 神仏習合に関する記事はほとんどなく, 戦前の研究がいかにこの方面を無視していたかがよくわかる。

國學院大學日本文化研究所編『神道事典』弘文堂, 1994年

平凡社版と較べるとよくわかるように, 中世の神仏習合関係に多くの項目を割いている。もっとも標準となる事典。

文献目録・研究史

國學院大學日本文化研究所編『神道論文総目録』第一書房, 1963年

國學院大學日本文化研究所編『続・神道論文総目録』第一書房, 1989年

なお, 上記の『神道事典』には, 単行本に限って主要な研究文献の一覧があり便利。また, 神仏習合・中世神道に限るものとしては, 下記の『国文学解釈と

日本史リブレット32

中《ちゅう》世《せい》の神《かみ》と仏《ほとけ》

2003年5月25日　1版1刷　発行
2021年9月5日　1版8刷　発行

著者：末木文美士《すえきふみひこ》

発行者：野澤武史

発行所：株式会社 山川出版社

〒101－0047　東京都千代田区内神田1－13－13
電話　03(3293)8131(営業)
　　　03(3293)8135(編集)
https://www.yamakawa.co.jp/
振替　00120-9-43993

印刷所：明和印刷株式会社

製本所：株式会社 ブロケード

装幀：菊地信義

Printed in Japan ISBN 978-4-634-54320-1

日本史リブレット　第Ⅰ期［68巻］・第Ⅱ期［33巻］　全101巻